www.ingramcontent.com/pod-product-compliance
Lightning Source LLC
LaVergne TN
LVHW010415070526
838199LV00064B/5307
9789358723571

لہرِ تبسم

(حصہ دوم)

(رسالہ 'شگوفہ' کے شماروں سے منتخب شدہ انشائیے)

ادارہ شگوفہ

© Taemeer Publications LLC

Lahr-e-Tabassum : Part-2 *(Inshaaiyeh)*
Edited by : Idara Shugoofa
Edition: December '2023
Publisher :
Taemeer Publications LLC (Michigan, USA / Hyderabad, India)

ISBN 978-93-5872-357-1
9 789358 723571

مصنف یاناشر کی پیشگی اجازت کے بغیر اس کتاب کا کوئی بھی حصہ کسی بھی شکل میں بشمول ویب سائٹ پر اَپ لوڈنگ کے لیے استعمال نہ کیا جائے۔ نیز اس کتاب پر کسی بھی قسم کے تنازع کو نمٹانے کا اختیار صرف حیدرآباد (تلنگانہ) کی عدلیہ کو ہوگا۔

© تعمیر پبلی کیشنز

کتاب	:	**لہر تبسم** (حصہ دوم)
مرتب	:	**ادارہ شگوفہ**
صنف	:	طنز و مزاح
ناشر	:	تعمیر پبلی کیشنز (حیدرآباد، انڈیا)
سالِ اشاعت	:	۲۰۲۳ء
صفحات	:	۴۶
سرورق ڈیزائن	:	تعمیر ویب ڈیزائن

فہرست

(۱)	شفیق الرحمن کے سو سال	ڈاکٹر اشفاق احمد ورک	6
(۲)	بیان بریانی کا	ڈاکٹر حلیمہ فردوس	11
(۳)	فقیری ہے یہ تجاری نہیں ہے	مختار ٹونکی	15
(۴)	ار ہر کی دال	سید عارف مصطفیٰ	18
(۵)	سائیکل خریدنے گئے ہم	ڈاکٹر شیخ رحمن اکولوی	20
(۶)	لاک ڈاؤن میں ان کے غصہ کا قہر	سیف الاسلام سیف	23
(۷)	ایک تھا فاؤنٹین پن	محمد رفیع انصاری	26
(۸)	دبلا کدھر گیا؟	ڈاکٹر محمد مجتبیٰ احمد	29
(۹)	آئی رے سردی	سید عارف مصطفیٰ	32
(۱۰)	س۔۔ سس۔۔ سردی	سعید خان زیدی	36
(۱۱)	بال کی کھال	محمد علی الدین صدیقی	41
(۱۲)	دل ہی تو ہے	منظور وقار	43
(۱۳)	یہ کھچڑی ہے	مکرم نیاز	45

ڈاکٹر اشفاق احمد وِرک

شفیق الرحمٰن کے سَو سال

شفیق الرحمٰن اُردو ادب کا وہ درخشندہ ستارہ ہے جو ساٹھ برس تک آسمانِ ادب پر پوری آب وتاب کے ساتھ روشن رہا۔ انھوں نے لکھنے کا آغاز اس وقت کیا جب ترقی پسند تحریک کا غلغلہ ابھی تازہ تازہ بلند ہوا تھا اور ہمارے بے شمار نئے اور پرانے لکھنے والے اس سے بالواسطہ یا بلا واسطہ متاثر ہوئے بغیر نہ رہ سکے۔ شفیق الرحمٰن نے ان حالات میں بھی کہانی کو سماج کی بجائے مزاج کے تابع رکھا۔ مزاج ان کا مزاح سے لگا کھاتا تھا۔ یہی وجہ ہے کہ افسانہ اور مزاح ہی ان کی دو بنیادی محبتیں قرار پاتی ہیں۔ ان محبتوں کو انھوں نے آخر عمر تک نبھایا۔ انھوں نے اپنی زندگی میں کوئی خاکہ لکھا یا تبصرہ، سفرنامہ تحریر کیا یا افسانہ، وہ اُردو ادب میں کسی پیروڈی کے مرتکب ہوئے، یا کوئی نظم ان کے شریرِ قلم سے سرزد ہوئی، افسانوی اسلوب یا مزاح کی شوخی کو کسی مقام پر انھوں نے اپنے ہاتھ سے جانے نہیں دیا بلکہ ان کی اکثر تحریروں میں تو افسانہ، مزاح اور شفیق الرحمٰن میں من تُو شدی، تُو من شدم والی کیفیت پیدا ہوگئی ہے۔ جناب سید ضمیر جعفری اُردو ادب کے اس منفرد مزاح نگار کی بابت لکھتے ہیں:

''ریٹائرڈ میجر جنرل شفیق الرحمٰن ساٹھ برس کی عمر میں دوبارہ سیکنڈ لفٹین بھرتی ہو سکتے ہیں۔ اُردو ادب آج تک اس سے خوش تر 'سوہنا مُنڈا' اور ستواں بوڑھا پیدا نہیں کر سکا۔ شفیق الرحمٰن کی ایک امتیازی خوبی یہ ہے کہ وہ اچھی تحریر اتفاقاً یا حادثاً نہیں لکھتے، عادتاً لکھتے ہیں۔''

اُردو ادب کا یہ 'سوہنا مُنڈا' اور دل فریب مزاح نگار جسے بلا شبہ اردو میں تفریحی ادب کا مین آف دی میچ قرار دیا جا سکتا ہے، نو نومبر ۱۹۲۰ء کو مشرقی پنجاب کے ضلع روہتک کے قصبے کلانور میں انجینئر راؤ عبدالرحمٰن کے ہاں پیدا ہوا۔ چار بہن بھائیوں میں ان کا نمبر دوسرا تھا۔ ابتدائی تعلیم کا کلانور سے شروع ہونے والا سفر لاہور میں مکمل ہوا۔ یعنی پرائمری کا امتحان کلانور سے پاس کیا۔ انھی کے بقول: ''مَیں کلانور کے ٹاٹ مدرسوں میں رانگڑ بچوں کے ساتھ، الف آم، ب بلی، کرتا رہا ہوں۔ اسی زمانے میں فارسی، عربی اور اُردو املا گھر میں سلیقہ شعار والدہ سے سیکھی۔ مڈل صادق ڈین ہائی سکول بہاول پور سے جہاں یہ محمد خالد اختر کے کلاس فیلو اور احمد ندیم قاسمی کے سکول فیلو رہے۔ محمد خالد اختر کے بقول: 'ان دنوں کا شفیق ایک گل گوتھنا گول مٹول سا لڑکا تھا جو ترکی ٹوپی پہنتا تھا اور بچوں والے سائیکل پر سکول آتا تھا۔ وہ فضل بک ڈپو کے سنسنی خیز اور راتوں کی نیند حرام کر دینے والے جاسوسی ناولوں کا بڑی شدت سے مطالعہ کیا کرتا تھا') میٹرک سٹیٹ ہائی سکول بہاول نگر، ایف ایس سی روہتک اور ایم بی بی ایس کنگ ایڈورڈ میڈیکل کالج لاہور سے کیا۔ بچپن میں رغبت اور تسلسل کے ساتھ چٹ پٹی کہانیاں پڑھنے کے شوق نے لاہور کے زمانۂ طالب علمی میں شگفتہ رومانی افسانے لکھنے پر اُکسایا۔ اسی زمانے میں ان کی پہلی کہانی 'چاکلیٹ' ماہنامہ 'خیام' میں چھپی تو لوگوں نے پلٹ کے دیکھا۔ جناب مشتاق احمد یوسفی نے ایک بار ٹیلیفونی گپ شپ کے دوران راقم کو بتایا کہ 'جب یہ کہانی چھپی تو مَیں بھی لکھنے کا آغاز کر چکا تھا۔ اس کہانی سے اتنا متاثر ہوا کہ کچھ عرصے کے لیے مَیں نے لکھنا چھوڑ دیا اور تہیہ کیا کہ آیندہ اس وقت لکھوں گا، جب اس طرح کا لکھ سکا۔'

ان کے افسانے 'فاسٹ باؤلر' کی اشاعت نے تو ادبی دنیا میں دھوم مچا دی۔ 'ادبِ لطیف' کے اس زمانے کے مدیر میرزا ادیب ان سے کہانی کا مطالبہ کرنے ان کے ہاسٹل جا پہنچے، جو اپنا پہلا تاثر ان الفاظ میں بیان کرتے ہیں:

''سیڑھی پر قدم رکھا تو ایک تیز خوشبو نے ہمارا خیر مقدم کیا۔ دروازے پر ایک دراز قد وجیہہ نوجوان نے اپنے پورے چہرے پر مسکراہٹیں بکھیرتے ہمیں خوش آمدید کہا۔ کمرے میں پڑی میز اپنی موجودات کے اعتبار سے ایک نو بیاہتا کے سنگھار میز کا نقشہ پیش کر رہی تھی۔ میرا پہلا تأثر یہ تھا کہ یہ شخص دنیا میں صرف مسکرانے کے لیے آیا ہے۔''

شفیق الرحمٰن کے میڈیکل کالج کے زمانۂ طالب علمی (۴۲۔۱۹۳۷ء) کا لاہور، برِ عظیم کا ایک بہت بڑا ادبی مرکز تھا، جہاں سے ہمایوں، ادبی دنیا، ادبِ لطیف، عالمگیر اور نیرنگِ خیال جیسے معیاری ادبی رسائل باقاعدگی سے شائع ہو رہے تھے۔ میرزا ادیب سے باقاعدہ تعارف کے بعد ان کا 'ادبِ لطیف' کے دفتر میں باقاعدہ آنا جانا شعور ہوگیا۔ وہاں ان کی فیض، کرشن چندر، راجندر سنگھ بیدی، باری علیگ، اوپندر ناتھ اشک، سعادت حسن منٹو، دیوندر ستیارتھی، ساحر لدھیانوی اور یوسف ظفر وغیرہ سے ملاقاتیں ہونے لگیں۔ کالج میں ڈرامیٹک کلب کے سیکرٹری اور علمی و ادبی مجلّے کے مدیر بھی رہے۔ کرکٹ، باکسنگ، پیراکی میں کلرز حاصل کیے۔ مصوری، فوٹوگرافی اور کارٹون بنانے کے مشاغل بھی چلتے رہے۔

۱۹۴۲ء کا سال ان کی زندگی کا بہترین سال ثابت ہوا۔ اسی سال انھوں نے ایم بی بی ایس کا امتحان پاس کیا، میو ہسپتال میں چند ماہ ہاؤس جاب کرنے کے بعد اسی سال انڈین آرمی میں بطور لیفٹیننٹ کمشن حاصل کیا، اور اسی خوش قسمت سال میں ان کے رومانوی افسانوں کا پہلا مجموعہ 'کرنیں' منظر عام پر آیا۔ یہ سال ان کی تعلیم کی تکمیل اور عملی زندگی کے آغاز کا سال ہے۔ اس کے بعد تو برِ صغیر بھر میں ان کی شگفتہ تحریروں کی دھاک بیٹھ گئی۔ اوپر تلے بعد شگوفے اور لہریں (۱۹۴۳ء) مدوجزر (۱۹۴۴ء) پرواز (۱۹۴۵ء) پچھتاوے (۱۹۴۶ء) حماقتیں (۱۹۴۷ء) مزید حماقتیں (۱۹۵۴ء) انسانی تماشا (جنگِ عظیم دوم کے پس منظر میں لکھی گئی آرمینیا کے تارک الوطن امریکی ادیب ولیم سروین کی رقت انگیز 'ہیومین کامیڈی' کا باکمال اُردو ترجمہ، ۱۹۵۶ء) دجلہ (۱۹۸۰ء) اور دریچے (۱۹۸۹ء) آتے چلے گئے۔ شادی کچھ تاخیر سے یعنی ۱۹۵۷ء میں آرمی کے معروف سرجن ڈاکٹر شوکت حسن کی بہن امینہ بیگم سے ہوئی۔ جنرل ایوب خاں اور جنرل برکی ان کے باراتیوں میں شامل تھے۔ بیگم راولپنڈی کے سیٹلائٹ ٹاؤن کالج میں انگریزی کی استاد، صدرِ شعبہ اور بعدازاں پرنسپل رہیں۔ فوج کی نوکری اور مزاح کی افسری عمر بھر چلتی رہی۔ اولاد میں قدرت نے تین ذہین بیٹوں (عتیق الرحمٰن: ۱۹۵۹ء، خلیق الرحمٰن: ۱۹۶۱ء، امین الرحمٰن: ۱۹۶۳ء) سے نوازا لیکن نہ جانے اس ہنستے بستے گھرانے کو کس کی نظر لگ گئی کہ چھوٹے دونوں بیٹے ناگہانی موت سے دوچار ہوئے۔ ورزش، کھیل اور سیر و سیاحت کا ہمیشہ شوق رہا۔ ستر کی دہائی میں ہلالِ امتیاز کے تمغے سے نوازے گئے، اور ستمبر ۱۹۷۹ء کو پاک بحریہ سے سرجن ریئر ایڈمرل کے عہدے سے ریٹائر ہوئے۔ ۱۳ دسمبر ۱۹۸۰ء سے ۹ دسمبر ۱۹۸۶ء تک اکادمی ادبیات پاکستان کے پہلے چیئر مین رہے۔ ۱۹ مارچ ۲۰۰۰ء کو اناسی سال، آٹھ ماہ اور دس دن کی عمر میں ہمارا یہ مزاح نگار راہیِ ملکِ عدم ہوا۔

اُردو میں تفریحی ادب کے ایک قابلِ قدر نمایندے شوکت تھانوی، ملٹری، میڈیکل اور مزاح میں بہ یک وقت نامور ہونے والے ہمارے اس جرنیل، ڈاکٹر اور ہر دل عزیز شگفتہ قلم کار کی بابت لکھتے ہیں:

''ادب اور فوج، تھرما میٹر اور وردی، ذوقِ سلیم اور کورٹ مارشل، مزاحِ لطیف اور کوئک مارچ ...... اور مجھے کچھ ایسا محسوس ہوتا ہے کہ گویا ایک میز پر قلم، ریوالور اور تھرما میٹر، تین مختلف چیزیں رکھی ہوئی ہیں۔ ان تینوں کو اگر طبِ یونانی کے ماہروں کی

اصطلاح میں 'سائیدہ حل کردہ' کی کیفیات سے گزارا جائے تو یہ تینوں مل کر ایک شفیق الرحمٰن پیدا کر دیں گی۔"

موجودہ اعصاب شکن ماحول میں ہم اسی مزاح نگار کے اقتباسات سے ان کے لیے ایصالِ ثواب اور اپنے قارئین کے لیے 'ایصالِ سواد' کا اہتمام کرتے ہوئے اس عظیم مزاح نگار کو انھی کی تحریروں سے ہدیۂ لطافت پیش کرتے ہیں:

☆ جانتے ہو عورت کی عمر کے چھے حصے ہوتے ہیں: بچی...... لڑکی ......نوعمر خاتون...... پھر نوعمر خاتون...... پھر نوعمر خاتون...... پھر نوعمر خاتون۔

☆ شادی کے لیے صرف دو کی ضرورت ہوتی ہے: ایک نوعمر لڑکی ......اور ایک بے صبر ماں۔

☆ بزرگوں نے میری آیندہ تعلیم کے متعلق تصفیہ کرنا چاہا کہ مَیں انجنیئر نگ پڑھوں یا قانون؟ دادا جان نے فرمایا کہ بچہ خود اپنی پسند بتائے گا۔ انھوں نے میری نرس آیا کے ایک ہاتھ میں ترازو دی اور دوسرے ہاتھ میں انجنیئر وں کا آلہ، اور مجھے کہا: جو پسند ہے، چُن لو۔ مَیں کچھ دیر سوچتا رہا...... بڑے غور و خوض کے بعد جانتے ہو مَیں نے کیا کیا؟ مَیں نے نہایت لاجواب انتخاب کیا......مَیں نے نرس کو چُن لیا۔

☆ سُستی کی یہ حالت تھی کہ سال میں صرف ایک بار دعا مانگتا تھا اور ہر رات ایضاً کہہ کر سو جاتا۔"

☆ لوگ پوچھتے ہیں کہ بلیاں اتنی مغرور اور خود غرض کیوں ہوتی ہیں؟ مَیں پوچھتا ہوں کہ اگر آپ کو محنت کیے بغیر ایسی مرغن غذا ملتی رہے، جس میں پروٹین اور وٹامن ضرورت سے زیادہ ہوں تو آپ کا رویہ کیا ہوگا؟ بلی دوسرے کا نقطۂ نظر نہیں سمجھتی، اگر اسے بتا دیا جائے کہ ہم دنیا میں دوسروں کی مدد کرنے آئے ہیں تو اس کا پہلا سوال یہ ہوگا کہ پھر دوسرے یہاں کیا کرنے آئے ہیں؟

☆ یاد رکھیے کہ محبوب کی نگاہوں میں ایک چالیس پینتالیس برس کا نوجوان، ایک پچیس تیس سالہ بوڑھے سے کہیں بہتر ہے۔ (اور ایسے نوعمر بوڑھے ان دنوں کافی تعداد میں ہر جگہ ملتے ہیں) محبوب کی سالگرہ یاد رکھیے لیکن اس کی عمر بھول جائیے۔

☆ بچے سوال پوچھیں تو جواب دیجیے مگر اس انداز میں کہ دوبارہ سوال نہ کر سکیں۔ اگر زیادہ تنگ کریں تو کہہ دیجیے کہ، جب بڑے ہوگے سب پتہ چل جائے گا۔ بچوں کو بھوتوں سے ڈراتے رہیے، شاید وہ بزرگوں کا ادب کرنے لگیں...... آخری بچہ سب سے چھوٹا ہونے کی وجہ سے بگاڑ دیا جاتا ہے، چنانچہ آخری بچہ نہیں ہونا چاہیے۔

☆ سائنٹفک نقطہ نگاہ سے اونٹ کا ڈیزائن تسلی بخش نہیں ہے۔ یوں لگتا ہے جیسے اسے کسی کمیٹی کی سفارشات پر بنایا گیا ہو۔

☆ حکیم رازی کو اوائل عمر میں بانسری بجانے اور گانے کا بہت شوق تھا۔ جب پختگی آئی تو گانا بجانا یک لخت ترک کر دیا اور فرمایا: جو نغمہ داڑھی اور مونچھوں کے درمیان سے نکلے، اس میں کوئی جاذبیت نہیں رہتی۔

☆ اونٹ والے ہر مسافر سے یہی کہتے ہیں کہ قاہرہ چلیے...... یہاں سے دس میل ہے لیکن آپ سے خاص رعایت ہے، آپ کے لیے صرف پانچ میل۔

☆ کاغذ کو نصف تہہ کر لیا جائے تو شاید دائنی طرف کے فقروں سے ایک آزاد نظم وجود میں آ سکتی ہے اور بائیں جانب کی سطروں سے دوسری۔

☆ اس شاعر کا مستقبل خاصا روشن نظر آتا ہے لیکن شاعری میں نہیں، بلکہ ٹھیکے داری میں، وثیقہ نویسی میں، دکان داری میں۔

☆ ہاضم دوائیاں، ان کا کھانا ہضم کرتی ہیں، خواب آور دوائیوں سے نیند آتی ہے، اسپرین سے پُر اسرار درد دور ہوتے ہیں، سکون پیدا کرنے والی گولیوں سے زبردستی پیدا کیا ہوا ذہنی انتشار کچھ دیر کے لیے کم ہو جاتا ہے...... پتہ نہیں ان کے اپنے اعضا دن بھر کیا کرتے رہتے ہیں؟؟

☆ آپ کی نظر شروع سے کمزور رہی لیکن عینک سے چڑ تھی، اس لیے بینائی ٹسٹ کرنے کے چارٹ زبانی رٹ لیے۔

☆ مصیبت یہ ہے کہ مشینوں سے کام لینے کے لیے دماغ لڑانا پڑتا ہے۔ گھوڑے ڈانٹنے چمکارنے سے مان جاتے تھے۔ مشینوں کو جتنا گھماؤ، مروڑو، اتنی ہی بگڑتی چلی جاتی ہیں۔ ویسے اس میں کوئی شبہ نہیں کہ ہارس پاور تب تک ٹھیک تھی، جب تک وہ گھوڑے میں رہی۔

☆ مصیبت تو یہ ہے کہ آج کل کے نوجوان ایک خوشنما تل پر عاشق ہوکر سالم لڑکی سے شادی کر بیٹھتے ہیں۔

☆ اونٹ کی گردن اس کے دھڑ سے ۴۵ درجے کا زاویہ بناتی ہوئی دفعتاً جسم سے مل جاتی ہے اور لوگ دیکھتے رہ جاتے ہیں۔ اونٹ کی گردن اس لیے لمبی ہے کہ اس کا سر اس کے جسم سے خاصا دور رہے۔ اونٹ کی طبیعت میں انکسار پایا جاتا ہے، وہ مغرور بالکل نہیں ہوتا، شاید اس لیے کہ اس کے پاس مغرور ہونے کو کوئی چیز ہی نہیں۔

☆ آج ریلوے کے بڑے بڑے افسروں کی ایک کانفرنس ہوئی، جس میں یہ طے ہوا کہ ریل کے آخری ڈبے میں چونکہ بہت جھٹکے لگتے ہیں، اس لیے آیندہ ریل میں آخری ڈبہ نہ لگایا جائے۔

☆ اس نے علی بابا کو بتایا کہ اس کے دو بھائی ہیں، ایک ادیب ہے اور دوسرا بھی بے کار ہے۔

☆ برادرِ مُشفق! میری شکل تم سے اتنی نہیں ملتی جتنی تمھاری شکل مجھ سے ملتی ہے، یہاں تک کہ مَیں صبح صبح آئینے کی جگہ تمھاری تصویر رکھ کر شیو کیا کرتا ہوں۔

☆ یہ تھے میرے زندگی کے حالات! اگر ان میں سے کچھ ایسے ہوں جو تمھیں پسند نہ آئے ہوں تو مَیں انھیں دوبارہ بسر کرنے کو تیار ہوں۔

شفیق الرحمٰن نے اُردو افسانے اور مضامین میں خوبصورت مزاح پیش کرنے کے ساتھ ساتھ چند نہایت خوبصورت اور دلچسپ پیروڈیاں بھی لکھیں، جو اُن کی کتاب ''مزید حماقتیں'' میں شامل ہیں۔ پیروڈی بلاشبہ ایک مشکل آرٹ ہے اور بالخصوص نثری پیروڈی تو تنے ہوئے رسے پر چلنے جیسا عمل ہے کیونکہ شاعری میں تو کسی شعر یا مصرعے کا ایک آدھ لفظ اِدھر اُدھر کر کے کام چلایا جاسکتا ہے جبکہ نثر میں کسی مصنف کے اندازِ تحریر کو ایک ایسے خاص ڈھنگ سے اختیار کرنا ہوتا ہے کہ اصل تحریر کا لطف بھی برقرار رہے اور تحریر میں نیا ذائقہ بھی پیدا ہو جائے۔ ایسا کرنے کے لیے ادب کے وسیع مطالعے، گہرے مشاہدے، شریر سوچ اور طویل انشائی ریاضت کے ساتھ ساتھ چیزوں کو نئے ڈھنگ سے دیکھنے کا سلیقہ بھی آنا چاہیے۔ شفیق الرحمٰن مذکورہ مضامین میں ان تمام مراحل سے بہ حسن و خوبی عہدہ برآ ہوئے ہیں۔

اس کتاب میں ان کی پہلی پیروڈی 'تزک نادری عرف سیاحت نامہ ہند' ہے، جو مختلف بادشاہوں کی طرف سے لکھی جانے والی تزکوں کی کامیاب نقل بھی ہے اور ہندوستانی قوموں کے بزدلانہ اور منافقانہ رویوں پر لطیف طنز بھی۔ اس ملک کی تاریخ بھی عجیب بدنصیبیو ں سے بھری پڑی ہے کہ یہاں کسی طرف سے جو بھی حملہ آور آیا، پشاور سے دلی تک بلا روک ٹوک دندناتا چلا آیا اور مال و دولت سمیٹ کر چلتا بنا۔ سکندرِ اعظم سے لے کر ایسٹ انڈیا کمپنی تک کتنے ہی حملہ آور بغیر کسی خاص مزاحمت کے دوڑے چلے آئے۔ شفیق الرحمٰن کی اس پیروڈی میں ہندوستانی قوم کے اسی طرزِ عمل پر اسے مذاق ہی مذاق میں جھنجھوڑا گیا ہے۔ تحریر میں اگرچہ قدم قدم پر الفاظ و معانی کی لطیف کلیاں کھلی نظر آتی ہیں اور جا بجا مسکراہٹیں اور قہقہے بکھرے پڑے ہیں لیکن اصل حقیقت یہ ہے کہ یہ قوموں اور ملکوں کی بداعمالیوں پر کاری طنز کا درجہ بھی رکھتی ہے۔ اقبال نے جرمِ ضعیفی کی سزا مرگِ مفاجات کی صورت میں تجویز کی تھی لیکن شفیق الرحمٰن نے اس ضعیفانہ صورت حال کو اپنے مخصوص ظریفانہ اسلوب میں نمایاں کیا ہے۔ اس پیروڈی سے ایک دو مثالیں دیکھیے:

''آپ کی قومی روایات بے حد شاندار ہیں۔ آپ نے کسی اجنبی کو مایوس نہیں کیا۔ کئی سو سال سے آپ کا شغل بیرونی لوگوں

سے حکومت کروانا ہے۔ اور تو اور آپ نے خاندان غلاماں سے بھی حکومت کروائی ہے اور وسعت قلب کا ثبوت دیا ہے۔''

اس مجموعے میں دو مزاحیہ نظمیں 'کون؟' اور 'خراٹے' بھی شامل ہیں، جن میں آزاد نظم اور ترقی پسندانہ شاعری کا خوب صورت انداز میں مضحکہ اڑایا گیا ہے اور ایک مضمون 'زنانہ اُردو خط وکتابت' بھی ہے، جس میں خواتین کے مخصوص جذباتی، باتونی اور رومانوی انداز کی دلچسپ انداز میں پیروڈی کی گئی ہے۔ روایتی خواتین کی گفتگو بالعموم فیشن، کھانے کی تراکیب، ایک دوسری کے معاشقوں کی ٹوہ لگانے اور گلے شکووں پر مشتمل ہوتی ہے۔ شفیق الرحمٰن نے ان خطوط میں عورتوں کی نفسیات اور آپس کی گفتگو کی دلچسپ عکاسی کی ہے۔ ایک سہیلی کا دوسری سہیلی سے راز و نیاز کا یہ انداز ملاحظہ ہو:

''ایک بات بتاتی ہوں مگر وعدہ کرو کہ کسی سے نہیں کہو گی، کیونکہ نکلی ہونٹوں، چڑھی کوٹھوں۔ وہ جو رشید ہے نا، اب تم مجھے چھیڑو گی۔ اے ہٹو! پہلے سن بھی لو۔ اس کے چچا کالج میں پروفیسر بن کر آئے ہیں۔ ہوں گے کوئی پینتالیس چھیالیس برس کے۔ میں اگلی سیٹ پر بیٹھتی ہوں، چنانچہ حضرت کو غلط فہمی ہوگئی۔ حالانکہ میں نے اتنی سی بھی لفٹ نہیں دی۔ سوائے اس کے کہ میں غور سے ان کی آنکھوں کو دیکھا کرتی تھی (آنکھیں اچھی ہیں) پروفیسروں کو کون غور سے نہیں دیکھتا۔ کبھی کبھار ان سے علیحدگی میں سوال پوچھ لیے تو کیا ہوا۔ کل تین چار مرتبہ ان کے ساتھ چائے پی۔ وہ بھی ان کے بلانے پر۔ عید پر انھوں نے چھوٹے موٹے تحفے دیے جو اُن کا دل رکھنے کے لیے قبول کرنے پڑے، صرف ایک دو دفعہ ان کے ساتھ پکچر دیکھی۔ بس کیا تھا شاعری پر اتر آئے۔ کہنے لگے کہ تم اب تک کہاں تھیں؟ میری زندگی میں پہلے کیوں نہ آئیں حالانکہ ان کی زندگی کے شروع کے حصے میں تو میں پیدا بھی نہیں ہوئی تھی۔''

یا پھر ان کی نظم ''خراٹے'' کے یہ مصرعے دیکھیے:

اس نے خراٹے سنے
کمرے سے جھانک کے باہر دیکھا
اک ہمہ گیر خموشی تھی فضا پر طاری
دُور اِک کتا پڑا سوتا تھا
اُس نے سوچا کہ یہی موقع ہے
اُسترا زور سے پکڑا، کانپا
اور پھر شیو بنانے لگا جلدی جلدی!!!

آخری بات یہی کہ ان دنوں اپنے اس عظیم مزاح نگار کے سَو سالہ یومِ پیدائش کے حوالے سے ان کی تحریروں کا مکرر مطالعہ کر کے ہمارا یہ مؤقف مزید مضبوط ہوا ہے کہ جس طرح ہر سُو پھیلے پریشانی اور غم کے بوجھل پن میں مزاح سب سے بڑی ڈھارس اور اپی ٹائزر ہے، بعینہ وبا کے اس وائرس زدہ ماحول میں بھی یہی مزاح ہی سب سے بڑا سینی ٹائزر بھی ہے۔ معروف مزاح نگار جناب سرفراز شاہد نے کسی زمانے میں ان کی کتابوں کے حوالے سے لکھا تھا:

حرف لکھے ہیں یا 'شگوفے' ہیں
ایک سے ایک کھل اُٹھا پڑھ کر
صاحبو! ہم نے تو لڑکپن میں
عقل سیکھی 'حماقتیں' پڑھ کر

اسی طرح شفیق الرحمٰن ہی کی موت پر لکھا گیا اُن کا یہ قطعہ بھی ان کے اسی موقف کی تائید کر رہا ہے:

مرگ پہ ان کی یہ کھلا عقدہ
کون افضل ہے، کون کہتر ہے
غم کے لاکھوں دُکان داروں سے
اِک تبسم فروش بہتر ہے

☆......O......☆

ڈاکٹر حلیمہ فردوس
بنگلور

بیان بریانی کا

زبان پہ بارے خدایا یہ کس کا نام آیا ۔''بریانی'' بریانی، بریانی'' بریانی خوروں کو بھلا اس کے سوا کیا سوجھتا ہے ۔ بریانی ایک اشتہا انگیز ڈش ہے ۔ یہ کبھی شاہوں کے دستر خوان پر چُنی جاتی تھی اور آج یہ چھوٹی بڑی ہوٹلوں کے ٹیبل پر قبضہ جمائے ہو ئے ہے ۔ ہمارے ملک میں اِسے عوام وخواص کی مرغوب ڈش کا درجہ حاصل ہے ۔ اس کے بے شمار عاشق ہیں ۔ کیا امیر کیا غریب ،کیا جوان کیا بوڑھے، کیا عورت کیا مرد، کیا حیدرآبادی، کیا بنگالی، کیا دہلوی، کیا لکھنوی، کیا سندھی کیا گجراتی غرض ہر کوئی اس کی لذت سے آشنا ہے ۔ بریانی میں وہ جادوئی طاقت ہے جو شاید کسی لذیذ سے لذیذ پکوان میں نہیں ۔ اس کی لذت سے نہ صرف زبان لطف اندوز ہوتی ہے بلکہ شِکم بھی سیراب ہوتا ہے ۔ اس کو دیکھے سے منہ پر رونق آجاتی ہے ۔ کبھی کبھی اس سیرابی کا خمیازہ بھی بھگتنا پڑتا ہے ۔ بریانی سے بگڑے کام بنتے ہیں اور اس سے روٹھوں کو منایا جا سکتا ہے ۔ کیا کہیں اس لذیذ ڈش سے عزت کا گراف بڑھتا ہے ۔ ہمارے ہاں بریانی کے بغیر شادی کا تصور محال ہے ۔ اگر بریانی خوش ذائقہ ہو تو شادی، تاریخی قرار دی جائے گی ۔ سُو ئے اتفاق بریانی بدمزہ ہو تب بھی شادی کے تذکرے ہر زبان پر ہوں گے ۔ آج کل شادیوں کی دعوت میں سیخ کباب ، تیتر، بٹیر اور چکن کباب کے بغیر بات نہیں بنتی مگر ان سب پر سکّہ تو بریانی ہی کا قائم رہتا ہے ۔ دعوتی ، بریانی کے دو لقمے حلق میں اُتارے بغیر ڈکار نہیں لیتے ۔ شادی ہی کیا مختلف مواقع پر بریانی ہی سے تواضع کی جاتی ہے ۔ ٹیچر کو مٹھی میں لینا ہو تو بریانی ، کلاس میں امتیازی نشانات حاصل کرنا ہو تو بریانی، باس (Boss) کو خوش کرنے کے لیے بریانی، ترقی پانے کے لیے بریانی، شوہر سے فرمائش پوری کروانے کے لیے بریانی ، بیوی کو خوش کرنے کے لیے بریانی، خصوصاً اردو ایم۔اے میں گولڈ میڈل پانے کے لیے بریانی، تحقیقی مقالہ مکمل ہونے تک قدم قدم پر بریانی ، ڈاکٹریٹ کی ڈگری کے حصول کے بعد بھی بریانی کا اہتمام ،ملازمت کے میدان میں قدم رکھنے کے لیے بریانی، کتاب پر تبصرے کے لیے بریانی، ادبی مجلس سجانی ہو تو بریانی ، اجی جناب آج سمیناروں کے انعقاد کا مقصد ہی بریانی کی ضیافت ٹھہرا۔ یہی نہیں عقیقے میں بریانی حتیٰ کہ چہلم کی دعوت بھی بریانی کے بغیر ادھوری۔ آپ گھبرایئے نہیں ہم بریانی کا وظیفہ نہیں پڑھ رہے ہیں بلکہ بتا رہے ہیں کہ بریانی کا سلسلہ مہد سے لے کر لحد تک قائم ہے ۔

حضرات ! اکیسویں صدی میں کیا بریانی کے بغیر کامیابی کا تصور ممکن ہے؟ بریانی صرف ڈش ہی نہیں کمال کا نذرانہ ہے ۔ ہم بریانی سے متعلق جو شواہد پیش کر رہے ہیں شاید آپ کے مشاہدے میں بھی ہوں گے ۔ ہماری دائیں گھر والی پڑوسن کا بیٹا شیرو پڑھائی میں زیرو تھا کمال یہ کہ ہر سال پہلا رینک اُسی کے نام ۔ ایک دن ہماری بائیں گھر والی پڑوسن یعنی اُس خاتونِ قلندر نے یہ راز فاش کیا کہ ''باجی ! شیرو کا پہلا رینک اس کی صلاحیت کا نتیجہ نہیں اس کی ممّی کے ہاتھ کی بریانی کا جادو ہے'' بھلا ہم اس بات پر کیوں کر یقین کرتے کبھی ہمیں اپنی کنجوس پڑوسن کی پکائی بریانی چکھنے کا موقع ہی نصیب نہیں ہوا ۔ البتہ ہمارے محلے کی چچی جان کی دم بریانی کا ذائقہ آج بھی زبان پر ہے ۔ چاچا ہی

نہیں ہماری طرح سارا محلّہ ان کی بنائی بریانی کا دیوانہ تھا۔ چاچی جب بھی بریانی کا اہتمام کرتیں تو چاچا اپنی جیبیں ٹٹولنے لگتے کہ اب ایک نئی فرمائش کا بم گرنے والا ہے۔ چلیے لگے ہاتھوں بریانی کے ذریعے بیوی کو خوش کرنے کا گُر جانتے ہیں۔ شاذ تمکنت سے متعلق تحقیقی مقالہ لکھتے ہوئے موصوف کے دوستوں کی زبانی ان کی عادت سے متعلق ایک اہم راز کا پتہ چلا۔ شاذ صاحب دوستوں میں خواہ جتنا وقت گذارتے لیکن گھر لوٹتے ہوئے بیگم شاذ کے لیے ایک عدد بریانی کا پیکٹ ضرور لے جاتے تھے۔ شاید آج بھی بعض حضرات اِس منتر سے کام لیتے ہوں گے۔ واللہ اعلم بالصواب۔

ہمارا یہ ماننا ہے کہ بریانی سے ازدواجی رشتے ہی نہیں سنورتے بلکہ اس سے ملازمتی رشتے بھی استوار ہوتے ہیں۔ آج ہر محکمے میں آنکھوں میں دھول جھونکنے والے ملازمین کے لیے بائیو میٹرک مشین لگائی گئی ہے۔ بریانی کے آگے وہ بھی بے مقصد ٹھہری۔ دیگر محکموں کی طرح محکمۂ تعلیم بھی اس آزمائش سے بچا نہیں ہے۔ ہم گواہ ہیں کہ بعض لکچرار حضرات ایک گھنٹے کا لکچر آدھے گھنٹے میں ختم کرتے اور ہواخوری کے لیے نکل پڑتے۔ دو تین گھنٹے مٹرگشتی کے بعد گرما گرم بریانی پرنسپل کی خدمت میں پیش کی بس خیریت ہی خیریت۔ کاش ہمیں بریانی کے چمتکار کا پتہ ہوتا تو پرنسپل کی خدمت میں ایک پلیٹ بریانی کیا سالم بکرا ہی ان کی نذر کرتے۔ خیر...... جب چڑیاں چُگ گئیں کھیت۔

اِدھر دو چار دہائیوں سے اردو دنیا میں بریانی کے کرشمے دیکھنے لائق ہیں۔ بریانی کے فضل و کرم سے یونیورسٹیوں میں، ڈاکٹروں کی لمبی قطاریں لگ گئی ہیں۔ مانگے کے اُجالے سے مزین کتابوں کی رسمِ اجراء کا چلن عام ہے اور اس مبارک موقع پر پیش کیے جانے والے مقالوں کا ایک ایک جملہ بریانی کی خوشبو میں ڈوبا ہوتا ہے۔ معاملہ یہیں ختم نہیں ہوتا۔ بات تبصرے تک پہنچتی ہے۔ سنا ہے کہ (ممکن ہو یہ خبر درست ہو) ادبی بازار میں پیشہ ور مبصرین نے دکانیں سجالی ہیں۔ روزانہ تین تبصرے لکھنا ان کا معمول بن گیا ہے۔ اِن تبصروں میں صرف صاحب کتاب اور کتاب کے نام کے علاوہ تھوڑی بہت تبدیلی کی اور تبصرہ حاضر، اس ریڈی میڈ تبصرے کے لیے جیب خالی نہیں کرنی پڑتی۔ صرف فی تبصرہ ایک پلیٹ بریانی کا معاوضہ لیا جاتا ہے۔ یوں سال کے بارہ مہینے ان تبصرہ نگاروں کی پانچوں انگلیاں بریانی میں ہوتی ہیں۔ تبصرہ نگار ہی کیوں اس معاملے میں محبان اردو بھی بڑے خوش نصیب واقع ہوئے ہیں۔ سال کے بارہ مہینے نا سہی دسمبر تا مارچ سمیناروں کے موسم میں ان کی زبان بریانی کی لذت سے محظوظ ہوا کرتی ہے۔ چلیے ان بریانی خوروں کا نظارہ کرتے ہیں۔ خواہ وہ سمینار پریم چند کی عصری معنویت سے متعلق ہو یا سرسید کا سوسالہ جشن۔ بریانی کے شائقین با تمکین کو کلیدی خطبے سے کوئی غرض نہیں ہوتی۔ وہ نہایت اطمینان سے پہلے ادبی اجلاس کے آخری مقالے کی قرآت کے دوران وارد ہوتے ہیں۔ ستم بالائے ستم پانچ دس منٹ بعد ہی پہلو بدلنے لگتے ہیں اور گھڑی کی سوئیوں کی سُست رفتاری پر ان کا پارہ چڑھنے لگتا ہے۔ جیسے ہی ظہرانے کا اعلان ہوتا ہے چہرے پر رونق سی آجاتی ہے۔ یہ بریانی خور پلیٹ لیے شہد کی مکھیوں کی طرح بھنبھناتے ہوئے فوڈ کاؤنٹر پر ٹوٹ پڑتے ہیں۔ کوئی فرمائش سے اپنی پلیٹ میں دو چار زاید بوٹیوں کو تحویل میں لے کر تنہائی میں بریانی کا لطف لینے لگتا ہے اور کوئی بریانی کا رسیا نظرِ بد سے بچنے کی غرض سے بریانی کی باقیات یعنی چھچھوڑی ہڈیوں اور چھچھڑے نما بوٹیوں کو ٹھکانے لگانے کی فکر میں ہوتا ہے۔ کوئی خوش خوراک اپنے ضعیف گھٹنوں کے بہانے اپنے دوستوں کی مدد سے اضافی بوٹیوں کے ساتھ کرسی پر بیٹھے بیٹھے خوب سیر ہو کر بریانی پر ہاتھ صاف کرتا ہے۔ آپ بھی مان گئے ہوں گے کہ آج بریانی کے بغیر شادی تو کیا ادبی مجالس کا انعقاد ناممکن ہے۔

بریانی جنوبی ایشیاء کی مقبول ڈش ہے۔ یہ ہندوستانی ثقافت کی نشانی ہے۔ ہمارے تکثیری میں بریانی کا مختلف ذائقہ اور اس کے مختلف رنگ ہوتے ہیں۔ ہر کوس پر پانی اور بریانی کی شکل بد

لتی ہے۔کبھی لکھنوی، اودھی، سندھی، مرادآبادی، کشمیری، بنگالی، اور حیدرآبادی بریانی کا شہرہ تھا۔آج کل اس کے نئے علاقائی ایڈیشن کی بڑی مانگ ہے۔جنوبی ہندوستان کی ریاستوں میں ملبار بریانی، آندھرا اسٹائیل بریانی، آمبور بریانی بلالحاظ مذہب و ملت شوق سے کھائی جاتی ہے۔دراصل یہ بریانی کے دراوڑی رنگ ہیں۔بریانی کا ایک طویل سفر رہا ہے۔بھلا ہو آریائی غاصبانہ ذہنیت کا انھوں نے اسے ہتھیانے کی کوشش تو کی۔پر بات نہیں بنی آج کل زیرو سائیز کے دیوانوں کو لبھانے کے لیے شیف (Chef) بریانی کو مختلف انداز میں جیسے کم چکنائی والی بر یانی، ویگن بریانی، ٹوفو بریانی، مشروم بریانی، پران بریانی بنانے لگے ہیں۔خدا کا شکر کہ اس کے نام کے ساتھ چھیڑ چھاڑ کرنے کو کسی کو سوجھی نہیں۔ورنہ ہندوستانی قدیم بھاشا میں اس کا نام ہوتا ''بریانم'' اور مغربی انداز میں یہ ''برینی'' کہلاتی۔خیر...... بریانی دن کے بارہ گھنٹوں میں کبھی بھی کھائی جاسکتی ہے کوئی ناشتے میں باسی بریانی بڑے شوق سے کھاتا ہے تو کوئی ظہرانے میں کھانا پسند کرتا ہے اور کوئی عشائیہ میں کھانے سے پرہیز کرتا ہے اگر آپ کا جی بریانی کھانا چاہے تو نہ گھر پر پکانے کی جھنجھٹ اور نہ ہی ہوٹل جانے کی ضرورت۔بس آپ کی جادوئی ڈبیا پر آرڈر کیجیے اور بریانی آپ کی خدمت میں حاضر۔

بریانی کا جادو آج ہر ایک کے سر چڑھ کر بول رہا ہے۔ایک سروے کے مطابق بتایا گیا کہ سال 2019 میں ہمارے ملک میں فی منٹ دوسو بریانی کے آرڈر لیے گیے تھے۔مسلسل تین سال سے بریانی کا نمبر ایک کا ریکارڈ قائم ہے۔ہم یہ فخر سے کہہ سکتے ہیں کہ مغلوں نے ہندوستان کو چار تحفے دیے ہیں۔''ایک اردو زبان، دوسرا تاج محل، تیسرا دیوان غالب اور چوتھا بریانی ؟۔

بریانی کا شجرہء نسب ''خاندانِ پلاؤ'' سے ملتا ہے۔یہ پکوان مغلوں کی دین ہے۔لفظ بریانی فارسی زبان سے ماخوذ ہے۔لغوی اعتبار سے ایک قسم کا پلاؤ ہے جس میں گوشت بھون کر ڈالا جاتا ہے مگر جو شہرت بریانی کو نصیب ہوئی غریب پلاؤ اس سے محروم رہا۔حیدرآبادی بریانی لغوی معنی کی نفی کرتی ہے۔اس میں مسالہ آمیز کچا گوشت ڈالا جاتا ہے۔کہا جاتا ہے کہ حیدر آبادی دم بریانی نواب نظام الملک کے شاہی خانساماں کی ذہنی اختراع ہے۔عالمی سطح پر حیدرآبادی ثقافتی شناخت کے دو اہم حوالے ہیں۔ایک فرشی سلام دوسرا حیدرآبادی کچی بریانی۔دونوں کا مزاج حلیمی ہے۔اِدھر دو چار دہوں سے حیدرآبادی حلیم، بریانی کا ریکارڈ توڑنے کے درپے ہے مگر یہ مقابلہ اس قدر آسان نہیں ہے۔دم دینا دنیا داروں کی سرشت ہے اور بریانی دم دینا ہر ایک کے بس کی بات نہیں۔یہ ایک فن ہے۔جو حیدرآبادی بریانی کھائے وہ اس کے دم بھرتا رہ جائے۔چاہے وہ لندن کے بازار ہوں یا شکاگو یا کناڈا کے ہوٹل حیدرآبادی بریانی سے ان کی شان قائم ہے۔رفتارِ زمانہ کی دسترس سے نا شہری بچے ہیں اور نا ہی شہر۔کبھی شہر حیدرآباد کی مشہور زمانہ مدینہ ہوٹل کی بریانی ہضم کرنے کے لیے پیپسی یا کوک جیسی مشروبات کا منت کش نہیں ہونا پڑتا تھا۔بقول حیدرآبادی حضرات اس کے لیے بس گنڈی پیٹ کے تالاب کا پانی کافی تھا۔آج سیمنٹ کے جنگل میں تبدیل ہوتے قلی قطب شاہ کے بسائے شہر کے آثار مٹ رہے ہیں۔گنڈی پیٹ کا تالاب بھی گندے پانی کے تالاب میں تبدیل ہو چکا ہے۔آج کل خود حیدرآبادی حضرات بریانی سے سیر ہونے کے بعد پیپسی کے گھونٹ پینے پر مجبور ہیں۔حیدرآبادی بریانی کے ذائقے سے چاہے کوئی انکار کرے اس کی شہرت میں کمی نہیں آنے والی کیونکہ یونیسکو کی جانب سے اسے دنیا کی سب سے لذیذ بریانی کا سٹفکیٹ حاصل ہے۔بہر کیف بریانی کی شان میں قصیدے پڑھنا ہمارا منشا نہیں ہے۔بس ہم اتنا جانتے ہیں کہ چھٹتی نہیں ہے کافر یہ منہ سے لگی ہوئی۔

بریانی کو ہندوستانیوں سے متعارف کرانے کا سہرا جہانگیر کی ذہین و فطین ملکہ نور جہاں کے سر باندھا جاتا ہے۔روایت ہے کہ اپنے فوجیوں کو تنومند رکھنے کے لیے اُس نے گوشت اور چاول سے تیار کی گئی مرغن غذا بریانی فراہم کرنے کا مشورہ دیا تھا۔اس

وقت کسی کے ذہن و گمان میں یہ بات نہ تھی کہ ایک صدی بعد جمہوری ملک ہندوستان میں بریانی پر سیاست کی جائے گی ۔ پڑوسی کا حق ادا کرنا کوئی ہمارے پردھان سیوک سے سیکھے ۔ ہمارے وزیراعظم نے پڑوسی ملک کے سابق وزیراعظم کے ہاں ترکاری بریانی کے دو لقمے کیا کھائے کہ وہ تاریخ کا حصہ بن گئے ۔ ہمارے شاکاہاری پردھان منتری بریانی کے دیوانے نا سہی وہ اپنے معزز مہمانوں کے مینو میں بریانی کو ضرور شامل کرتے ہیں ۔ مہابلی پورم کی خوشگوار فضا میں چین کے صدر شی جن چنگ کی ضیافت نہایت اہتمام سے کی گئی ۔ انھیں رام کرنے یعنی رشتوں کی کھٹاس ختم کرنے کے لیے تیکھی تیکھی آندھرا اسٹائل بریانی کے علاوہ بہت کچھ پروسا گیا ۔ شی نے شُو شُو کرتے ہوئے بریانی کا لطف لیا پر معاملہ جہاں کا تہاں رہا ۔ ہمارے پردھان منتری اس قسم کی باتوں پر دھیان کہاں دینے والے ۔ وہ مانتے ہیں کہ بات بنے یا نہ بنے بریانی کھِلاتے رہیے ۔ بریانی آج کل انتخابی دنگل میں سیاسی ہتھیار کے طور پر استعمال کی جانے لگی ہے ۔ چاہتے ہیں سو بھگت کرے ہیں، ہم (جنتا) کو عبث بد نام کیا ۔ اندھ بھگتو ں کے لیے بریانی ہاضمے کی گولی سے کم نہیں ہے ۔ اپنے حریفوں پر حملہ آور ہونے کے لیے بریانی ایک سیاسی ہتھیار بن گئی ہے ۔ شاہین کی دبنگ دادیوں نے جو اپنا دبنگ پن دکھایا تو سب کے ہوش اڑ گئے ۔ ایسے میں سینہ تانے بریانی کو نشانہ بنایا گیا ۔ اُس کے تار شاہین باغ سے ملائے گئے مگر پانسا اُلٹا پڑا ۔ بریانی کے طرف دار اُٹھ کھڑے ہوئے ۔ سوشل میڈیا اور پرنٹ میڈیا پر بریانی کا چرچا ہونے لگا ۔ اسے نہ صرف ہزاروں لوگوں کی مرغوب غذا قرار دیا گیا بلکہ بریانی کو لاکھوں غریبوں کا ذریعہ معاش مانا جاتا ہے ۔

آج شہروں کے مال (Mall) کے فوڈ کورٹ ہوں یا پانچ ستارہ ہوٹل، سبھوں کا مینو، بریانی کی شمولیت کے بغیر کہاں مکمل ہوتا ہے؟ شہر کے محلّو ں میں قدم قدم پر بہار دکھاتی ہوٹلیں ہوں یا گاؤں کی گلیوں کی تنگ ہوٹلیں یا قومی شاہراہوں پر کھلے ڈھابے کی فضاؤں میں بریانی کی مہک بسی ہوتی ہے ۔ ہوٹل کلچر کے دور میں اس شاہی پکوان سے فقیر، مزدور اور کسان بھی سیر ہونے لگے ہیں ۔ ایسے میں کیا بریانی کی دیوانگی سے ہمارے ملک کی خوشحالی اور اقتصادی ترقی کی شرح کا صحیح اندازہ نہیں لگایا جا سکتا؟ چند دن قبل ہمارے مرکزی وزیر نے بیان دیا تھا کہ ملک میں آج ہماری فلمیں کروڑوں کا منافع کما رہی ہیں ۔ ایسے میں ملک کی مندی یا گرتی معیشت پر واویلا مچانا حزب مخالف کی چال ہے ۔ ان کے بیان پر خوب حملے ہوئے ۔ دراصل اس بیان پر غور کرنے کی ضرورت ہے ۔ GDP کے اعداد و شمار جو بھی ہوں جس ملک کے غریب مزدور بھی بریانی پر جان چھڑکتے ہوں تو بھلا ملک کی معیشت کو کیسے کمزور قرار دیا جا سکتا ہے دِلّی کے ایک باضمیر اور حساس کا استاد کو یہ غم کھائے جا رہا ہے کہ کبھی گلی قاسم جان اور گلی بلی ماران کی رونق حضرت غالب کی ذات سے قائم تھی اور آج وہاں بریانی، نہاری، چکن فرائی کی دھوم ہے ۔ تاریخی اردو بازار میں اردو زبان کے آثار ملیں نا ملیں وہاں کی فضا کباب، قورمہ، بریانی کی خوشبو سے مہک رہی ہے ۔ موصوف کو اس بات کا ملال ہے کہ ’’ہماری قوم کو کتب خانہ نہیں فقط کھانا چاہیے‘‘ ہاں یہ سچ ہے ہماری قوم نے نہاری، کباب اور بریانی کو مقصدِ حیات بنالیا ہے تو پھر اس کا کیا علاج ۔ ہمارے نوابین نے شطرنج بازی میں اپنا تخت و تاج کھویا ۔ آج ہماری قوم بریانی خوری میں مست ہے تو مست رہنے دیجیے ۔ کونسا آسمان ٹوٹ پڑے گا ۔ انھیں چاند پر جانا تو نہیں ہے ۔ یہ بریانی خور دنیا کے کسی خطے میں رہیں بریانی سے باز نہیں آئیں گے ۔ انھیں جگانے کے لیے اب کوئی سر سید کوئی اقبال نہیں آنے والا ۔ آج کے نام نہاد قائدین کا پیام ہے ۔ ۔

’’ چل کہ اب بزمِ جہاں کا اور ہی انداز ہے
مشرق و مغرب میں بریانی، کباب کا راج ہے‘‘

☆……○……☆

مختار ٹونکی
راجستھان

فقیری ہے یہ تجاری نہیں ہے

یہ تو بہر حال چاچائے شعرا اسدؔ و غالبؔ کے زبان زد عام شعر' بدل کر فقیروں کا ہم بھیس غالبؔ' سے ہی طشت از بام ہوجاتا ہے کہ وہ فقیرانہ اسٹائل اختیار کر کے شہر کے سخی حاتموں کی آزمائش کیا کرتے تھے، حالانکہ مرزا جی کا پیشہ آبا ہرگز گداگری نہیں تھا بلکہ وہ تو سپاہی زادے تھے اور پھر تھکے ماندے ہو کر شاعری کرنے لگے اور ممدوحین کی چلم بھرنے لگے۔ آپ کہیں گے کہ ہم قلمی جوش جنوں میں یہ کیا بک رہے ہیں۔ ارے صاحب! وہ تماشائے اہل کرم بھلا کب تک دیکھتے اس لیے 'عشق بتاں' میں ڈوب کر' فکر معاش' میں شہہ کے مصاحب بن بیٹھے۔ انداز شاعرانہ بھی انداز فقیرانہ میں گڈمڈ ہو گیا۔ یہ کوئی معیوب بات نہیں تھی۔ اس زمانے میں درباری عام تھی اور شعرا فخریہ طور پر تماشائے حکمراں دیکھتے تھے۔ یہاں تک کہ ایک شاعر خوددار نے اپنی خودی اتنی بلند کر لی تھی کہ وہ بھوپال کے تال میں ہمیشہ ڈبکیاں لگاتے تھے۔ اور الفقر فخری کی کھلی اڑاتے تھے۔ خیر گذشت آنکہ گذشت، میاں ماضی قریب کی باتوں کو چھوڑیے اور شعرا سے کنا موڑیئے کہ اس وقت کے فقرا بھی جب گلی کوچوں کا چکر لگاتے تھے تو بے نیازانہ یہ کہہ کر بڑھ جاتے تھے کہ

فقیرانہ آئے صدا کر چلے
میاں خوش رہو ہم دعا کر چلے

لیکن زمانے کے اونٹ نے کچھ ایسی کروٹ بدلی ہے کہ شتر غمزوں میں بھی تنوع کی جھلک ملتی ہے۔ سائنس اور ٹکنالوجی کے اس دور پر شور میں جہاں نت نئی ایجادات نے دھوم مچائی ہے وہیں بھکاریوں/فقیروں نے بھی مانگنے کے طور طریقوں میں ویرائٹی سجائی ہے۔ پہلے یہ ضرب المثل مشہور تھی کہ بن مانگے موتی ملے مانگے نہ بھیک۔ عہد جدید کے فقرا نے اس کہاوت کی مٹی پلید کر کے رکھ دی۔ بلکہ ہم تو بخدا یہاں تک کہنے کے روادار ہیں کہ بھانت بھانت کے گداگروں نے اپنے پیشہ گداگری میں طرح طرح کے وہ کلی پھندنے لگا دیے ہیں کہ بلا شبہ وہ داد و تحسین کے مستحق ٹھہرائے جا سکتے ہیں۔ میر تقی میرؔ کا یہ کہنا سچ ہے کہ:

عیب بھی کرنے کو ہنر چاہیے

موجودہ ہنرمند فقیروں نے کس طرح پیشہ فقیری کو عروج و کمال سے مالا مال و نہال کیا ہے۔ مشتے نمونہ از خروارے ملاحظہ ہوں چند مختلف النوع گداگروں کی کارستانیاں جو کھڑی کر دیں گی آپ کے سامنے پریشانیاں کہ:

بھیک کا کس کو ڈھب نہیں آتا

خدا کا کرنا ایسا ہوا کہ ایک بار ہم راجستھان کی راجدھانی جے پور دارالسرور پہنچ گئے۔ جیسے ہی ہم 'چوپڑ' سے سبھاش چوک جانے کے لیے سٹی بس میں بیٹھے کہ ایک نوجوان وارد ہوا اور ہمیں ایک پوسٹ کارڈ نما پرچہ تھما دیا اور ٹکر ٹکر ہماری طرف بے ڈھنگی نگاہوں سے دیکھنے لگا۔ پرچہ ہندی میں تھا جس کا اردو ترجمہ جوں کا توں درج ذیل ہے:

گذارش

اس خط کے دینے والے شخص کی زبان نہیں ہے۔ یہ کاشی کا رہنے والا ہے۔ ذات سے برہمن ہے اس کے ماں باپ کا نام پنڈت شری رام اور لکشمی دیوی ہے۔ اس کی دو بہنیں، دو بھائی ہیں۔ سبھی کی زبان نہیں ہے۔ ان میں دو کے ہاتھ پیر و آنکھ نہیں ہے۔ یہ دودھ چینی کے ساتھ چاول کی کھیر بنا کر اس پر گذر بسر کرتے ہیں۔ باپ کے مرنے کے بعد ماں نے دکھ میں جان دے دی۔ آپ لوگوں کے سوا ان یتیموں کا کوئی سہارا نہیں ہے۔ انہیں بیس، تیس، چالیس، پچاس، سو روپے، کپڑے، برتن، عطا کر کے اجر عظیم حاصل کریں۔ اس کی بہنوں کی شادی میں سوٹ و ساڑیوں کی ضرورت ہے۔ کاشی وشوناتھ آپ کا کلیان کرے۔

چڑیا چونچ بھرلے گئی ، ندی نہ گھٹیو نیر
دان دیئے دھن نہیں گھٹے ، کہہ گئے داس کبیر

خیرات دے کر پرچے کو واپس کردیں، اسے بہن کی شادی میں سوٹ ساری کی ضرورت ہے۔

دستخط ای ۔ آئی ریلوے ، آر ڈی ملس (سول سرجن) کاشی بنارس ہنس راج وکیل نے چھپوا کر دیئے۔

اگر آپ جناب رقیق القلب ہوں گے تو یہ پڑھ کر متاثر ہوئے ہوں گے مگر ہم بھونچکے رہ گئے تھے کہ کیا منصوبہ بند فقیرانہ اسٹائل ہے کہ بولو نہ چالو اور گوہر مراد پالو۔ آپ بھی جزئیات پر توجہ دیں تو سوچ سمندر میں ضرور ڈوب جائیں گے۔ اول تو کہاں کاشی اور کہاں پنک سٹی ۔ معاملہ دور دراز کا ہے نہ کہ ناز و نیاز کا۔ پھر بنارس جیسے عظیم الشان شہر میں کیا ایک بھی ایسا مالدار دلدار نہیں جوان یتیموں کا غم خوار و مددگار بن سکے۔ سوم یہ کہ ہمیں برہمنوں کے بھگوان پر ترس آتا ہے کہ اس نے ایک ہی گھر میں ایسی نادر الوجود شخصیات کو جنم دے کر ایں خانہ ہمہ آفتاب است کے مصداق بنادیا۔ چہارم یہ کہ بے زبان و بے نام شخص بھائی بہنوں کو چھوڑ کر کوسوں دور گداگری کے فرائض انجام دے رہا ہے۔ پنجم یہ کہ ایسے گھر میں بھلا کون شادی کرے گا۔ ششم یہ کہ جے پور میں چوپڑ ایسی جگہ ہے جہاں ہر پانچ منٹ بعد کوئی نہ کوئی سٹی بس آتی ہے جو مختلف مقامات کی طرف کوچ کرتی ہے۔ اس کے وارے نیارے نہ ہوں تب بھی دو ایک مسافر تو فقیرانہ مکڑ جال میں لازمی طور پر پھنسیں گے۔ مستزاد یہ کہ ہنس راج وکیل نے بادلیل ازراہ ترحم پرچے چھپوا کر دیئے ہیں۔ کیا اس میں اتنی بھی استطاعت نہیں کہ وہ ان کی کفالت کرسکے۔ پھر کاشی بھی اتنی گئی بیتی نہیں ۔ یقیناً وہاں بھی اناتھالیہ ہوں گے پھر کیوں یہ شخص گلابی شہر کی سیاحت کو آ گیا ہے۔ اطلاعاً تحریر ہے کہ ہم سال چھ مہینے میں جب بھی جے پور جاتے ہیں تو وہ ہمیں حاضر باش ملتا ہے۔ میاں!

فقیری ہے یہ تجارتی نہیں ہے

بات کی شروعات ہم نے شعرا سے کی تھی اردو میں شعرا ٹڈی دل کی طرح موجود ہیں ۔ ہاٹ بازار سے لے کر ہوٹلوں ، ریستورانوں تک میں شعرا کے جمگھٹ مل جائیں گے۔ اسی طرح ہندوستان میں فقرا بھی قدم قدم پر دست سوال بصد جاہ وجلال دراز کرتے ملیں گے۔ راہ چلتے اگر کسی ناشناسا سے مڈبھیڑ ہوجائے تو وہ مسکینی صورت بنائے یہ کہتا ہوا ملے گا کہ:

فقیرم از تو خواہم ہرچہ خواہم

ملحوظ باد کہ فقرا قوم وقبیلہ اور ذات پات سے مبرا ہوتے ہیں اور غیرت وحمیت سے پوری طرح معرا ہوتے ہیں۔ منگتا کیا نہ کرتا، لب نہ ملے پھر بھی بھیک ملے، یہ فقیرانہ آرٹ آپ دیکھ چکے۔ اب نئے جہانوں کی سیر کرتے ہیں۔ ہمارا شہر ٹونک تو خود غریب الغربا ہے مگر اس میں بھی ایک گونگے فقیروں کا جوڑا مہینے دو مہینوں میں کہیں دور سے ٹور پر آجاتا ہے۔ لیجیے وہ آ گیا۔ یاد کرو تو حضرت شیطان حاضر ۔ ایک رکشانما رپٹواں گاڑی پر بصد شان بستر استراحت کی طرح دراز ہے، دوسرا گاڑی کو آہستہ آہستہ بہ آسانی کھینچ رہا ہے۔ گاڑی میں ایک طرف مشین دھری ہے جس میں سے ٹیپ شدہ یہ اعلان عظیم الشان نشر ہورہا ہے۔

' بھائیو اور بہنو ! اس معذور بندے کو دیکھیں۔ کتنا لاچار اور مجبور ہے۔ چلنا پھرنا تو دور کی بات ہے ہلا ڈلا بھی نہیں جاتا۔ اس بے چارے کو امداد کی ضرورت ہے۔ یہ بھی خیرات زکواۃ کا مستحق ہے۔ پانچ ، پچاس روپے جو آپ سے بن پڑیں اس کی جھولی میں ڈال جائیں اور ثواب کمائیں۔ یہ بھی آپ کا دینی بھائی ہے۔ ضرور مدد کریں'۔

سنا آپ نے ؟ آواز جو بھری ہے وہ گونجیلی ہی نہیں بہت دردیلی بھی ہے۔ سننے والے کے دل کو لامحالہ کچوکے لگاتی ہے اور کچھ نہ کچھ کاسۂ فقیر میں ڈالنے کو اکساتی ہے یعنی کہ بہت ہوشیاری سے اس کام کو انجام دیا گیا ہے۔ یہ غمناک آواز سن کر گھروں میں عورتیں ، تڑپ اٹھتی ہیں اور اس بے چاری کو دام و درم کا چارا ڈال دیتی ہیں۔ ایسے عجیب وغریب بھک منگوں کو دیکھ کر کبھی کبھی

ہمارے دل میں بھی یہ ہوک اٹھتی ہے کہ

لٹا کے اپنا یہ سب کچھ فقیر ہوجائیں
یوں اپنے دور کی شاید نظیر ہوجائیں

مگر بقول غالب

کچھ اور چاہیے وسعت مرے بیاں کے لیے

صاحبو! بھانت بھانت کے بھک منگوں نے ہمارا جینا حرام کر رکھا ہے چلتے رستے بھی ہم بچ نہیں سکتے :

اک روز کا میں تم کو سناتا ہوں واقعہ

ہم جان بوجھ کر ایک سنسان گلی سے گذر رہے تھے کہ کسی فقیر حقیر تاریک ضمیر سے پالا نہ پڑجائے مگر ہونی کو کون ٹال سکتا ہے۔ وہ گلی کوچہ دالدار بن گئی ۔ ہم نے دیکھا کہ ایک برقع تیزی سے ہماری جانب لڑھکتا آرہا ہے۔ ہم نے پینترا بدل کر راہ فرار اختیار کرنی چاہی مگر برقع بھی رخ بدل کر روبرو ہوگیا اور پھر گویا ہوا۔

'میں جانتی ہوں ! آپ شریف آدمی ہیں ۔ مجھے سو روپوں کی ضرورت ہے ۔مہربانی دکھائیں اور ثواب دارین کمائیں' ۔ہم گومگو کی حالت میں بولے 'محترمہ! آپ بھی شریف لگتی ہیں۔ ہمارے حضورؐ نے اس طرح دست سوال دراز کرنے سے منع فرمایا ہے' ۔

'جی ہاں ! میں واقف ہوں ، چلئے میں آپ کے گھر میں دوچار دن برتن مانجھ دوں گی ، جھاڑو بہارو کردوں گی ، میں کوئی پیشہ ور بھکارن تھوڑی ہوں ۔ بخدا مجبوری آپڑی ہے'۔

لیجیے ! ایک نہ شد دو شد ، ہمارے ہوش پتنگ ہوگئے کہ یہ تو بن بلائے مہمان کی طرح ہماری جان کے درپے ہورہی ہے۔اس دھڑ کے نے کہ گلی میں کوئی دوسرا نہ آٹپکے ہمارے ننھے سے دل کی دھڑکن بڑھا دی ۔ ہم نے جھٹ پٹ پاکٹ سے دو زیرو والا نوٹ نکالا اور برقع والے دست نازنین کو سونپ دیا کہ ہمیں اپنی عافیت بھی عزیز تھی ۔

خدا محفوظ رکھے بھیک کے جذبات فاسد سے

آپ سوچ رہے ہوں گے کہ ہم کیوں بلا وجہ فقیروں اور فقیرنیوں کے ہاتھ دھوکر پیچھے پڑگئے ہیں ۔آخر انہیں بھی جینے کا حق ہے ۔ ویسے بھی پیشہ فقیری ، چوری چکاری اور ڈکیتی و رہزنی سے بدرجہا بہتر ہے ۔معلوم ہوا کہ آپ فقیروں کے خواہ مخواہ خیر خواہ ہیں ۔ ارے صاحب ! ہم تو اپنی دانست میں آپ کو مختلف جلوہ ہائے فقیری سے روشناس کرانا چاہتے تھے کہ آج کل مانگنے کے طور طریق ہی نہیں سیاق وسباق بھی بدل گئے ہیں ۔ ارے یہ گونج کیسی ہے سنیے سنیے آواز آرہی ہے ۔ اللہ ہی دے گا ،مولیٰ ہی دے گا ۔شاید کسی فقیر کی آمد آمد ہے جو ہمارے لیے خطرے کی گھنٹی ہے ۔ بائی بائی ، گڈبائی کہنے سے پہلے ایک ادبی بھک منگی کا فقیرانہ و ادیبانہ اسٹائل بھی دیکھ لیں ۔ کچھ عرصے پہلے ہمیں دور دراز سے ایک مکتوب دل نواز ملا جو من وعن درج ذیل ہے :

ہو غیر بھی تو وہ اپنا حبیب لگتا ہے
ہمیں تو پیار کا رشتہ عجیب لگتا ہے

جناب محترم قبلہ چچا جان اور چچی جان السلام علیکم ۔امید کرتی ہوں آپ بخیر ہوں گے ۔ اللہ کرے آپ ہمہ وقت صحت یاب رہیں ۔ باری تعالیٰ آپ کی اور چچی جان کی عمر میں برکت عطا کریں ۔ آمین ۔ چچا جان ! میں نے آپ کی کتاب 'فکر پارہ پارہ' پر اشتہار پڑھا ہے ۔ سہ ماہی رسالہ 'کوہسار جرنل' بھاگل پور ، جولائی ۱۵ کے شمارے میں ، مضامین کا مجموعہ 'فکر پارہ پارہ' پر خاص طور سے مبارکباد پیش کرتی ہوں ۔قبول کریں ۔ چچا جان ! اپنی کتابیں ، رسائل بطور تحفہ پیش کریں ۔آپ کے طفیل میں بھی اور دوسرے بھی پڑھ لیں گے ۔ مایوس نہیں کرنا ۔اپنوں میں یاد رکھنا اور اپنا کون ہے ۔خون کا رشتہ ہی سب کچھ نہیں ہوتا ہے ۔اللہ نے میری بیٹی (گ ۔ ا) کا رشتہ اپنے فضل و کرم سے کرادیا ہے ۔ اللہ ! رب عزت کے ساتھ اس فرض کو بھی ادا کرادے ۔ چچا جان شادی تو ۲۲ نومبر ۲۰۱۵ ء کو ہونا طے ہے لیکن اپنے پاس کچھ نہیں ہے ۔بس اللہ ہی مالک ہے ۔اللہ ہی مسبب لاسباب ہے ۔ چچا جان ہوسکتا ہے اللہ ہی نے آپ کو اس بٹیا (ر) کی مدد کا ذریعہ بنایا ہو ۔ چچی امی جان کو میرا سلام عرض ہے ۔خدا حافظ ۔آپ کی اپنی بیٹی ......؟'

واضح ہو کہ محترمہ نے بینک کا نام ،کوڈ اور کھاتہ نمبر بھی درج کیا ہے اور اپنا نام و پتہ بھی انگریزی میں لکھ مارا ہے ۔اس پر سونے پر سہاگہ یہ کہ آنجنابہ خیر سے اردو ٹیچر بھی ہیں ۔اب آپ ہی بتائیں :

کس کی حاجت روا کرے کوئی

☆.....○.....☆

سید عارف مصطفیٰ

ارہر کی دال

ویسے تو ہمارے خواجہ صاحب ہر معاملے میں کچھ نہ کچھ فرماتے رہتے ہیں لیکن اگر معاملہ دال کا ہو تو بالکل چپ ہو جاتے ہیں۔ ان کے خیال میں یہ عین خاموشی کی جا ہے کیونکہ دال ولیوں کی خوراک ہے البتہ وہ یہ حوالہ نہیں دے پاتے کہ کس ولی کے معمولات تابڑتوڑ دال خوری پہ مبنی تھے۔۔۔ ہمارا ذاتی تجربہ ہے کہ اگر چند روز لگاتار دال کھالی جائے تو طبیعت صلح جوئی کی جانب مائل ہونے لگتی ہے اور خودسپردگی کا جذبہ ٹھاٹھیں مارنے لگتا ہے۔

شاید اسی لیے تاریخ سے بس یہی معلوم ہوتا ہے کہ کئی جنگیں محض اسی لیے فتح پہ منتج ہوئی ہیں کہ قلیل وسائل والی فوج نے جب کسی غنیم کا محاصرہ کیا اور جب یہ ناکہ بندی طویل ہوگئی اور غذائی قلت کے باعث نوبت دال تک پہنچنے کا خدشہ پیدا ہوا تو اس لاچاری کے تصوّر ہی نے پژمردہ لشکر کو جان لڑانے اور مرنے مارنے پہ آمادہ کر دیا اور آن کی آن کشتوں کے پشتے لگا کے اسی شام لشکریوں نے غنیم کے مویشیوں کے باربی کیو سے جشن فتح منایا۔

دال کی بابت خواجہ کی خاموشی کی غایت ہم بخوبی جانتے ہیں کہ ان کا اصل معاملہ گھریلو امن و امان کو ترجیح دینا ہے۔۔۔ وہ دال کے درجات مزید بلند کرنے کے لیے اسے نفس کشی کی مجرب غذا ٹھہراتے ہیں اور ان کی اس رائے سے ہم کلی اتفاق کرتے ہیں۔ کیونکہ دال کھانے کے بعد ہمارے ذہن میں بھی ایسے ویسے خیالات قطعاً نہیں آتے، بس یہی خیال آتا ہے کیا یہ مسلسل دوسری بار تو کھانی نہیں پڑے گی۔؟؟

شاید بلکہ یقیناً اسی لیے جیلوں میں کردار کے سدھار کے لیے دال کا مسلسل استعمال بے حد آزمودہ سمجھا جاتا ہے اور جیل سے ایک بار باہر آجانے والوں میں سے بہتیرے تو محض اس لیے جرائم سے پرہیز کرنے لگے ہیں کہ اگر پکڑے گئے تو پھر سے منظر نامہ یہ ہوگا کہ " یہ ہم ہیں، یہ ہماری دال ہے اور بڑی خواری ہو رہی ہے' - دالوں کے بارے میں ہمارے خیالی صاحب کی رائے یہ ہے کہ ویسے تو ہر دال ذائقے میں کچھ نہ کچھ الگ ہوتی ہے لیکن اس کی حیثیت کو اردو قاعدے نے بہت متاثر کیا ہے کہ جہاں حرف دال کے فوری بعد ڈال آتا ہے اور اس ترتیب نے دال کے امیج کو بگاڑ کے رکھ دیا ہے اور اس کا تاثر محض کٹورے میں ڈالے جانے اور چاٹے جانے کے قابل شے ہی کا ابھرتا ہے۔

اچھی بات یہ ہے کہ اجناس میں دالوں کی فہرست کچھ لمبی چوڑی نہیں اور یہ بات خدا کے رحیم و رحمان ہونے کی دلیلوں میں سے ایک بھی ہوسکتی ہے، مگر اس فہرست میں ارہر کی دال کا مقام خاصا اقلیتی سا ہے کیونکہ اسے بہت کم لوگ منہ لگاتے ہیں اور بعضے نہ جانے کہاں سے سن کے اسے تھوہر کی دال پکارتے اور اس کے تشخص کو مزید مجروح کر دیتے ہیں۔۔۔ لغت کے ماہرین اس نام کو ارہر سے جوڑنے کی کلی تردید کرتے ہیں، میں بھی کسی تھوہر نام کی دال سے تو متعارف نہیں ہوا مگر مجھے 'پھوہڑ' کی دال کا ضرور معلوم ہے کیونکہ کئی جگہ اس سے دوچار اور برسرِ پیکار ہوا ہوں اور بالائے ستم یہ کہ تعریف کرنے پہ مجبور بھی ہوا ہوں لیکن اس طرح کی منافقت یقیناً قابل معافی ہے کیونکہ اس طرح کی

دال خوری سے ایک صابر درجہ دوم برآمد ہوتا ہے جو اس صفت کی بنیاد پہ جنت میں جانے کے لیے کوالیفائی بھی کرسکتا ہے۔۔۔ ویسے بھی اس طرح کی منافقت ازدواجی زندگی کی گاڑی چلانے میں قدم قدم پہ درکار رہتی ہے اور اس کو رواں رکھنے میں ٹیوب لیس ٹائر جیسی نہایت سازگار ثابت ہوتی ہے۔

جہاں تک ارہر کی دال کا معاملہ ہے تو یہ اپنی شدید گرم تاثیر کے بل پہ کھانے والے میں چھپا ہوا کوئی 'انقلابی' بخوبی بیدار کرسکتی ہے۔۔۔ چونکہ ایسی گرم دال سرکشی پہ اکساتی اور باغیانہ جذبات کو انگیخت کرتی ہے، اس لیے مجھے گمان ہے کہ اگر برصغیر کے کچھ جانے مانے باغیوں کے بچپن اور جوانی کو کھنگالا جائے تو ان کے پس منظر میں یہ دال مسلسل زیر استعمال رہی ہوگی۔

ارہر کی دال عام طور پہ شمالی ہند کی دال ہے حالانکہ اس دال کو اچور یا کھٹائی سے آمیز کر کے پکانے کی ترکیب کے ذریعے دکنیوں کے کھٹاس پرور جذبات کو رجھانے کی بڑی کوشش کی گئی ہے لیکن جنوب والے اس کی طرف پیٹھ کیئے زندگی گزار دیتے ہیں۔ شاید اس لیے کہ ارہر کی دال بوسیدہ وغنودہ معدے تک کو سرگرم کردیتی ہے اور اسے کھانے سے بندے کے سوچنے کا زیادہ وقت دوسروں کی حاجت روائی کے بجائے ذاتی رفع حاجت میں صرف ہوجاتا ہے اور جنوبی ہند والے اس قسم کی طویل اور غیر منفعت بخش سرگرمیوں کے لیے وقت نہیں نکال پاتے۔

مجھے یقین ہے کہ ارہر ہی وہ دال ہے جس نے اردو ادب میں دال نہ گلنے والے لافانی محاورے کو جنم دیا ہے کیونکہ زیادہ تر کیسیز میں بدبخت پتیلی تو گل جاتی ہے مگر یہ خوش بخت دال نہیں گلتی۔۔۔ تاہم اس کے باوجود اور تنگ آ کے یہ دال کم گلی حالت میں کھا کر مرنے والے بخوبی جانتے ہیں کہ وہ اس کے بعد کافی دیر تک خود کو بجری سے بھرا ٹرک محسوس کرتے ہیں اور بروقت تسلی بخش 'ان لوڈنگ' کے فوری بعد انکے چہرے پہ وہی چمک عود کر آتی ہے جو کہ دال میں بگھار کے فوری بعد دیکھی جاتی ہے۔۔

☆……○……☆

ڈاکٹر شیخ رحمن اکولوی

سائیکل خریدنے گئے ہم

ملازمت سے ریٹائر کیا ہوئے گھٹنوں میں درد رہنے لگا۔ اس تکلیف کے پیشِ نظر ہم نے سیکنڈ ہینڈ سائیکل خریدنے کا ارادہ کر لیا اور پہنچے کباڑی ڈھیلے میاں کے یہاں کہ کم خرچ میں ضرورت پوری ہو جائے۔ اس نے ایک طرف اشارہ کرتے ہوئے کہا کہ ایک سائیکل ہے ۔ ہم نے قیمت پوچھی تو بولا'' آپ دیکھ لیں قیمت بعد میں طے کرلیں گے''۔ ہم نے اس سائیکل نما چیز کا جائزہ لیا تو دیکھا کہ اگلا بریک ندارد ہے۔ پوچھا تو بولا'' جب ایک بریک سے کام ہوجاتا ہے تو دوسرے کی ضرورت ہی کیا ہے۔ یہ تو آپ جانتے ہی ہوں گے۔ اگر رفتار تیز ہو اور غلطی سے اگلا بریک لگ جائے تو سائیکل الٹ جائے گی۔ آپ پر سوار ہو جائے گی۔''

ہم نے پوچھا اور یہ پچھلے بریک کے نام پر یہ جو تار لٹک رہا ہے؟ جواب دیا گیا'' اسے ہینڈ بریک سمجھ لیں ذرا سا جھکے تار کھینچا بریک لگ گیا۔۔۔ کچھ دیر کے لیے تو آپ کو لگے گا کہ آپ کار کی سواری کر رہے ہیں۔ آج کل کاروں میں ہینڈ بریک ہوتے ہیں۔ ہم نے سیٹ کا معائنہ کیا تو دیکھا کہ وہ اپنی جگہ پر سٹ نہیں ہے، اِدھر اُدھر سرک رہی ہے۔ اس سے پہلے کہ اس بارے میں ہم کچھ کہتے وہ بولا'' یہ Moving Chair جیسی ہے۔ اس میں سہولت یہ ہے کہ آپ اپنے دائیں بائیں سڑک سے گزرنے والی سواریوں پر نظر رکھ سکیں گے۔ آپ کی کمر کی اچھی خاصی ورزش ہو جائے گی۔ جم جانے کا وقت اور خرچ بچے گا۔''

'' گھنٹی غائب ہے'' '' تھی ہی کب کہ غائب ہوتی'' کیا مطلب؟'' مطلب یہ کہ اس کی ضرورت ہی نہیں ہے'' وہ کیسے؟ '' وہ ایسے کہ پچھلے چاک کا ایک اسپوک ٹوٹ کر دوسرے اسپوکوں میں پھنس گیا ہے۔ جب سائیکل چلتی ہے تو ایک خاص قسم کی ڈراؤنی آواز پیدا ہوتی ہے۔ اس کا ایک فائدہ یہ بھی ہے کہ آپ جدھر سے بھی گزریں گے لوگوں کی توجہ کا مرکز بن جائیں گے۔ (ہم بڑبڑائے تماشہ بن جائیں گے) وہ اپنی بات آگے بڑھاتے ہوئے بولا'' ایک خاص بات تو میں بتانا ہی بھول گیا کہ'' '' وہ کیا؟'' ہم نے جلدی سے بوکھلا کر پوچھا کہ پتہ نہیں اب کیا انکشاف ہو وہ فخریہ انداز میں بولا'' اس سائیکل کی سواری سے آپ اونٹ کی سواری کا لطف اٹھا سکتے ہیں'' ہم نے چونک کر اس سے پوچھا وہ کیسے؟ اس سائیکل کے دونوں رِنگ تھوڑے تھوڑے آؤٹ ہیں'' '' تھوڑے تھوڑے اس نے ایسے کہا جیسے یہ کوئی عیب ہی نہ ہو۔'' یہ اونٹ چال چلتی ہے۔ آپ کو محسوس ہوگا کہ جیسے آپ اونٹ پر بیٹھے ہیں۔ وہ بولا اور ہاں اس کی رفتار Fixed ہے۔'' ہم سمجھے نہیں'' اس نے وضاحت کی'' اس سائیکل کو آپ دھیمی رفتار سے ہی چلا سکیں گے'' آپ نے رفتار بڑھائی تو Chain گر جائے گی ذرا ڈھیلی ہے۔ وہ کھسیانی ہنسی ہنستے ہوئے بولا۔

اب ہماری سمجھ میں آیا کہ وہ ڈھیلے میاں کے نام سے کیوں مشہور ہے۔ ہم نے ناراضگی کا اظہار کرتے ہوئے کہا۔'' ان کل پرزوں کو کستے کیوں نہیں؟'' وہ بولا'' کل پرزوں کی بھی ایک عمر ہوتی ہے۔ یہ گھس گئے ہیں۔'' پھر وہ طنزیہ لہجہ میں بولا'' ذرا یہ بتائیے کہ آپ لنگڑا کر کیوں چل رہے ہیں؟'' ہم نے جھینپ کر کہا'' کام کی بات کرو۔''

اچانک ہماری نظر مڈگارڈوں کی خالی جگہ پر پڑی تو ہم نے

اپنے ہاتھ کو مڈگارڈ کی شکل دیتے ہوئے سوال کیا ''مڈگارڈ کیا ہوئے؟'' وہ بولا'' برسات کے دنوں میں یہ مڈ سے گارڈ نہیں کرتے بلکہ مڈ کی آماجگاہ بن جاتے ہیں۔ سائیکل چلانے میں دقت ہوتی ہے۔ بہت زور لگانا پڑتا ہے اس لیے۔۔۔۔۔۔۔ اس سے پہلے کہ وہ کچھ کہتا ہم نے کہا'' ٹھیک ہے ٹھیک ہے ہم سائیکل چلا کر دیکھیں گے اس کے بعد ہی سائیکل خریدنے کا فیصلہ کریں گے'' وہ راضی ہوگیا اور سائیکل ہمارے حوالے کر دی (بعد میں معلوم ہوا کہ اس نے ہمیں سائیکل کے حوالے کیا تھا)

ہم سائیکل چلانے کے ارادے سے گھر سے نکلنے والے تھے کہ بیگم نے ہمارے دائیں بازو پر امام ضامن باندھا اور دم بھی کیا۔اور سائیکل کے ہینڈل پر بھی امام ضامن باندھا۔ہم نے کہا یہ کیا بات ہوئی، وہ زیر لب مسکرا کر بولیں آپ پیدل تو ٹھیک سے نہیں چلتے۔۔۔آپ کی وجہ سے اس بیچاری کو بھی تو نقصان پہنچ سکتا ہے نا'' اور ہم اپنا سا منہ لے کے رہ گئے۔

یہ سائیکل عام سائیکل نہیں تھی۔ اس کا کون سا پرزہ کب دھوکہ دے جائے گا کہا نہیں جا سکتا تھا۔ وہ تو سستے میں اپنی ضرورت پورا کرنے کا ارادہ تھا اس لیے ہم نے اسے قبول کر لیا تھا۔سائیکل چلانے کی مشق کرنے کے لیے احتیاطاً ہم نے ایک کچے سنسان راستے کا انتخاب کیا۔اس راستے سے کبھی کبھارا کا دکا راہ گیر گزرتے تھے۔ وہاں پہنچ کر ہم نے دعا کی اور سائیکل پر سوار ہوئے۔ سائیکل چل نکلی۔ پریشانی یہ تھی کہ سیٹ پر جمے رہیں یا ہینڈل کو سنبھالیں۔ آتے جاتے لوگ عجیب نظروں سے دیکھ رہے تھے۔ ایک سائیکل رکشا والا پاس سے گزرا تو سواری سے بولا'' سرکس کا جوکر ہے۔مشق کر رہا ہے۔'' ہم دل ہی دل میں بڑ بڑائے سرکس کو بھی انہی دنوں شہر میں آنا تھا'' ایک تو پہلے ہی ہینڈل کو کنٹرول کرنا مشکل ہو رہا تھا اس پر سائیکل کی اونٹ چال۔ ابھی کچھ ہی راستہ طے ہوا تھا کہ ایک تیز رفتار اسکوٹر پاس سے گزرا اور مڈبھیڑ ہوتے ہوتے رہ گئی۔ اسکوٹر والے نوجوان نے آواز ہ کسا'' یوں بھی مرنے ہی والے ہو خودکشی کیوں کرنا چاہتے ہو'' ہم سائیکل سے اُتر پڑے ہمارے پسینے چھوٹ گئے تھے۔ہم نے حادثہ کے ٹلنے کے لیے اللہ تعالیٰ کا شکر ادا کیا۔اور گھر کی راہ لی۔ دل کو سمجھایا کہ آج کے لیے بس اتنا ہی کافی ہے۔''

دوسرے دن فجر کے بعد ہم سائیکل لے کر اپنے مقام پر پہنچے تھے کہ ایک مولانا کہیں سے آدھمکے اور اشارہ کر کے کہنے لگے ''جناب اُدھر نہ جائیے گا'' ہم نے مجسم حیرت ہو کے پوچھا'' وہ کیوں!'' ''ہم تو کل سے اس جگہ سائیکل چلانے کی مشق کر رہے ہیں آج ایسی کیا بات ہوگئی کہ آپ ہمیں ادھر جانے سے روک رہے ہیں؟'' انہوں نے سرگوشی کی'' اُدھر جھاڑیوں میں بڑا سا سانپ رہتا ہے۔آپ چاہیں تو اس کے نشانات مٹّی پر ثبت دیکھ سکتے ہیں۔'' یہ کہہ کر وہ ایک طرف چل دیے۔''ان صاحب کی بات سن کر ہم سہم گئے۔ جب ذرا طبیعت سنبھلی تو ہم نے سوچا کہ وہ نشانات تو دیکھ ہی لیتے ہیں۔ہم نے سائیکل ایک طرف کھڑی کر دی (اللہ کا شکر کہ اس کا اسٹینڈ صحیح سلامت تھا اور شاید ایک یہی پرزہ صحیح سلامت تھا) اور دھیرے دھیرے کچی سڑک پر آگے بڑھے۔ مذکورہ مقام پر پہنچ کر ہماری نظر ان نشانات پر پڑی تو ہم ہنس پڑے۔ گیلی مٹی پر یہ ہماری سائیکل کے ٹائروں کے نشانات تھے۔ ہم نے جیسے تیسے تھوڑی دیر مشق کی اور گھر کی طرف چل دیے۔ہم سوچنے لگے اگر واقعی وہاں سانپ ہوتا اور ہمیں ڈس لیتا تو۔۔۔۔

ایسا ہی سوچتے ہوئے آگے بڑھے تو اچانک ''گڑپ'' کی آواز آئی اور ہم نے دیکھا کہ ہم سائیکل سمیت بڑے سے گڑھے میں گر پڑے ہیں جو پچھلی رات کی بارش کے پانی سے لبالب بھرا ہوا تھا۔ہم مدد کے لیے چلاّئے لیکن کوئی ہماری مدد کو نہیں آیا۔ ہم نے گڑھے سے نکلنے کی کوشش کی اور بمشکل تمام باہر نکلے سائیکل کا فریم گردن میں حائل تھا۔ ہماری حالت ایسی تھی جیسے کچھوا اپنے خول سے گردن باہر نکالتا ہے۔اس سے چھٹکارا پایا۔سر پر کائی کا

تاج رکھا تھا۔ ہماری قمیص کی جیب گھاس پھوس کا گلدان بنی ہوئی تھی۔ سارے بدن پر کیچڑ پینٹ (Paint) ہوگیا تھا۔ ہم نے سَر کی کائی جھٹکنے کی کوشش کی تو معلوم ہوا کہ وہ مکان ہڑپ کر جانے والے کرایہ دار کی طرح قبضہ جمائے ہوئی ہے۔ زیادہ کوشش کرتے پر بالوں کے اکھڑ جانے کا اندیشہ محسوس ہوا۔ جوتوں سے کیچڑ لپٹ جانے کی وجہ سے ہمارے پاؤں، ہاتھی کے پاؤں جیسے وزنی ہوگئے تھے۔ سائیکل کو بھی سنبھالنا تھا بڑی مشکل سے ہم کسی طرح پگ ڈنڈی سے سڑک پر آئے۔ ایک آٹو رکشا والے کو آواز دی، اس نے ہماری حالت دیکھی اور یہ کہہ کر آگے بڑھ گیا کہ ''گڈی خراب ہوجائے گی'' سائیکل رکشا والے کو روکا تو اس نے کہا ''معاف کرنا ساب'' ''ایسے کہا جیسے ہم خیرات مانگ رہے ہیں۔ آخرکار ایک بیل گاڑی والا ہم پر ترس کھایا اور ہم گھر پہنچے۔ سائیکل کو آنگن میں پھینک ہم گھر میں داخل ہوئے۔

دوسرے دن ہم نے ڈھیلے میاں کو یہ کہہ کر یہ سائیکل واپس کر دی کہ ہم اس سائیکل کے لائق نہیں ہیں۔ ہم چند قدم آگے بڑھے تھے کہ وہ بڑ بڑایا'' کیسے کیسے چلے آتے ہیں سائیکل خریدنے۔''

☆......○......☆

سیف الاسلام سیفؔ
رانی گنج

لاک ڈاؤن میں ان کے غصہ کا قہر

دن بھر ہاتھی کی طرح کھانا، کمبھ کرن کی طرح سونا اور تو کچھ کرنا نہیں ہے ۔صبح صبح شعلہ بیانی سن کر سمجھ گئے آج کسی کی خیریت نہیں ہے ۔اس لیے کہ ان پر جب غیض وغضب کا دورہ پڑتا ہے تو پھر پورے گھر میں سناٹا چھا جاتا تھا۔ جبکہ وہ فطرتاً ایسی نہیں تھیں۔اب ہم آپ کو بتائیں کہ جس دن سے لاک ڈاؤن شروع ہوا تو ان کا سارا پیار اُمڈ کر باہر آ گیا تھا ۔اللہ کا شکر ادا کرتیں کے چالیس برسوں میں پہلی بار سبھوں کو چوبیس گھنٹے ایک ساتھ رہنے کا سنہرا موقع ملا ۔ایک سے ایک پکوان بناتیں ۔جو ان کو نہیں آتا تھا وہ بھی یو ٹیوب سے دیکھ کر سیکھ لیتیں۔ہم بھی خوب سیر ہوکر کھاتے اور جب ان کی بنائی ہوئی حیدر آبادی بیریانی، پنجابی تڑکا ، بہاری لٹّی، کشمیری پلاؤ، مدراسی ڈوسہ، لکھنوی نان، بنگالی مچھلی اور ممبیا وڑا پاؤ کی دل سے تعریف کر دیتے تو پھر مسکراتے ہوئے ایک دو نوالے اپنے ہاتھوں سے کھلاتیں۔دس دنوں تک تو وہ خاطر داری ہوئی کہ ہم خود کو کسی شہنشاہ کے کم نہیں سمجھتے تھے ۔ادھر ہم حکم صادر فرماتے ادھر فوراً پورا ہوگیا۔ فرصت میں ہوتیں تو خود کی لکھی غزلیں کو گنگناتیں ۔ کسی وقت لتا کے گانے گا کر اپنے آپ کو ان کا قریبی رشتہ دار ہونے کا ثبوت دیتیں ۔رات صوفہ میں پھیل کر اپنا من پسند سریل دیکھتیں۔۔۔۔

جیسے جیسے لاک ڈاؤن کا مرحلہ بڑھتا گیا ان کا رنگ بھی گرگٹ کی طرح تبدیل ہوتا گیا۔ ہر وقت ایک کمرے میں رہتے انہیں اکتاہٹ ہونے لگی تھی ۔ ہماری باتوں کا اسٹاک بھی قریب قریب ختم ہوگیا تھا۔کبھی کبھار ہم ایک دوسرے کو صرف دیکھتے رہتے ۔کبھی وہ موبائل سے چپک جاتیں تو کبھی ہم کمپوٹر سے چھیڑ چھاڑ کرتے ۔ویسے بھی اب گھر کے ہر فرد کے ہاتھوں میں موبائل آجانے کی وجہ سے کون کس سے بات کرتا ہے ۔ایسا لگتا ہے کہ کسی چرچ میں بیٹھے گناہ معاف کروا رہے ہیں۔ کسی وقت کرونا کو برا بھلا کہتیں تو کبھی لاک ڈاؤن پر لعنت بھیجتیں۔

ایک روز ہم سونے کی ناٹک کر رہے تھے کہ کانوں میں ان کے بڑ بڑانے کی آواز آئی۔کب لاک ڈاؤن ختم ہو اور وہ ڈیوٹی پر جائیں۔اب ہم سمجھ گئے کہ کسی دن یہ چنگاری بھڑکے گی اور آج وہی ہوا۔ چپکے سے کچن میں چوروں کی طرح جھانکے وہ بڑبڑا رہی تھیں۔دبے پاؤں واپس ہوتے کہ کانچ کے گلاس سے ٹھوکر لگ گئی بس پہلا حملہ ''اٹھ گئے ناشتہ ٹھونسنے''۔ہم نے من موہن سنگھ بننا مناسب سمجھا اور اخبار لے کر بیٹھ گئے۔وہ بھنبھناتے ہوئے میرے قریب آرہی تھیں ۔کنکھیوں سے ہم نے دیکھا اور پورے سر کو گردن سمیت اخبار میں چھپالیا۔انہوں نے اخبار کو اس انداز سے چھین لیا جیسے ہم امتحان ہال میں کسی کی نقل کر رہے ہوں۔ہم معصومانہ انداز میں پوچھ بیٹھے ہوا کیا ہے؟ کہنے لگیں۔ ''گیس ختم ہوگئی'' ۔یہ بولتے ہوئے گیس سلنڈر پر پاؤں دے مارا اور گیس کمپنی کو کوسنا شروع کر دیا کہ لکھا رہتا ہے پندرہ کیلوگرام گیس اور لگتا ہے کہ ایک کیلو کم ہے سب کے سب چور ہیں اتنی جلدی کہیں گیس ختم ہوتی ہے۔ پٹرولیم منسٹر تک کو نہیں چھوڑا۔اس سے اچھا تو پہلے کا زمانہ تھا کہ لکڑیوں کا ڈھیر یا کوئلہ کا انبار گھر کے ایک کونے میں پڑا رہتا۔ جب مرضی پھونک ڈالے نہ بک کرانے کی ضرورت نہ انتظار کی جھک جھک ۔اوپر سے گیس سپلائی کرنے والا دس بیس روپئے الگ سے لینے کے لیے فقیر کی طرح منہ

اٹھائے کھڑا رہتا ہے اور اتنا ڈھیٹ کہ بغیر لیے ہٹتا نہیں ہے۔خیر ہم نے ان کے لیے دوسرا گیس سلنڈر لگاتے ہوئے کہا۔'' لگ گیا ناشتہ بنالیجئے''۔اب لائٹر ایک دو بار میں نہیں جلا تو لائیٹر کو زمین پر پٹک دیا۔ماچس سے جلایا تو بھک سے چولہا جل اٹھا، دانت پیستے ہوئے کہنے لگیں ۔''ایک دن میری جان ہی چلی جائے گی''۔ جمعہ کو گھر میں گوشت نہ آئے تو جمعہ نہ ہو۔ہم تو نکل گئے ہفتہ واری حاضری دینے قصائی کے پاس ۔جلدی نہ جائیں تو چھڑا بھی نہ ملے ۔آدھے گھنٹے میں گوشت لے آئے اب جو گوشت پر نظر پڑی تو لگیں بڑ بڑانے'' قصائی کا بیڑا غرق ہو ۔آخرت میں کیا منھ دکھائے گا۔ یہ گوشت ہے آدھا تو ہڈی بھر دیا ہے ساتھ میں یہ نس''۔ ہماری طرف غضبناک نگاہوں سے حملہ کرتے ہوئے بولیں کہ چالیس برسوں میں گوشت پہچاننا نہیں آیا۔ہم جھٹ بولے چکن لادیں۔اب تو بریلی مولوی کی طرح بغیر رکے سانس پُھلا پُھلا کر تقریریں شروع کر دیں۔ پولٹری مرغی کوئی کھانے کی چیز ہے۔اس سے اچھا تو کپاس میں پاٹ کے تنے ملا کر سالن بنالیں۔دیسی مرغی کی جگہ پولٹری کھا کھا کر بچے مصیبت کے وقت نہ بھاگ سکتے ہیں نہ زور سے چلّا پاتے ہیں۔کام والیاں تو ہمارے گھروں میں کئی ایک تھیں مگر کرونا کی و جہ سے انھیں گھر آنے سے روک دیا گیا تھا۔بس ایک کی اجازت تھی وہ بھی اس لیے کہ وہ ہمارے گھر کو مقبوضہ کشمیر سمجھتی تھی۔اس کام والی کا داخلہ ہوا ۔ہم خوش ہونے لگے کہ ہماری تو کٹ گئی ۔اب دیکھیں اس کیا ہوتا ہے ۔ جیسے ہی اس نوکرانی پر نظر پڑی۔ بولیں۔''آنکھیں پھوٹ گئیں کیا یا گھڑی دیکھنا بھول گئی تھی ۔ یہ وقت ہے آنے کا۔کتنا کام پسرا ہوا ہے ۔درجنوں برتن ایک دوسرے سے دفتر میں فائلوں کی طرح چپکے ہوئے ہیں ۔کب صاف ہوں گے اس سے اچھا تھا کتا چاٹ جاتا ۔نہیں بھابھی ذراسی تو دیر ہوئی ہے۔''دو گھنٹے لیٹ آئی ہوں ۔ ایک تو چوری اوپر سے سینہ زوری۔روز روز تمہارا لیٹ آنا ہمیں پسند نہیں ، کام کرنا ہے تو کرو ورنہ راستہ ناپو''۔نوکرانی کا منھ لٹک گیا اور بیگم

بدبداتے ہوئے واشنگ مشین کی طرف بڑھیں ۔لاک ڈاؤن میں سب گھر پر ہیں تو دھونے کے لیے اتنے کپڑے کہاں سے جمع ہوگئے ۔گھر گھر مشین چلتی ہے اور فرفر میٹر گھومتا ہے۔اس کا کسی کو خیال ہے ۔لوگ اس گھڑی میں ایک کپڑے کو تین تین دنوں تک پہن رہے ہیں ۔ ہمارے گھر میں ہی سب نواب بنے بیٹھے ہیں۔ اسی درمیان بجلی چلی گئی۔اب تو گرمی سے بے حال ایک کرسی پر دونوں پیر اٹھا کر بیٹھ گئیں۔ ہاتھ پنکھا جھلے اور لگاتار بکے جارہی تھیں'' محکمہ بجلی کا ستیاناس ہو۔مودی پر اللہ کا قہر ہو بڑا آیا ہے ہندستان کو ڈیجیٹل انڈیابنانے اور گاؤں گاؤں بجلی پہنچانے''۔دن بھر میں ایک گھنٹہ مشکل سے بجلی رہے تو جانیں۔۔ دروازے پر ایک فقیر کی صدا بلند ہوئی۔ دے دے اللہ کے نام پر ۔ہم تو سنتے ہی سمجھ گئے آج اس کی بھی مت ماری گئی ہے جو مانگنے آیا۔

ویسے تو وہ دل کی بہت نرم اور غریب پرور تھی ۔سائل کو لوٹانا برا مانتی تھی مگر آج تو کسی کی خیر نہیں تھی آج صبح جو آتش فشاں پھٹا ہے اس کی زد میں جو آئے گا خاک و خاکستر ہوجائے گا۔فقیر کا فقیرانہ لہجہ سنتے ہی شروع ہوگئیں اور دہن سے بگولے اڑنے لگے۔''ہٹا کٹا جسم اور چلا بھیک مانگنے۔شرم نہیں آتی ۔ڈھونگی ،نماز نہ روزہ اور چلے آئے سر پر ٹوپی اور ہاتھ میں کاسئہ گدائی لیے۔یہ لوگ تو مانگ کر اپنے گاؤں میں بلڈنگ کھڑی کررہے ہیں''۔ہم ہمت کرکے بولے'' نہیں ایسا نہیں ہے''۔پلٹ کر وار کیا'' آپ کون مار کے بل گیٹس اور پریم جی ہیں''۔قسمت پھوٹی تھی کہ اس گھر بیاہ کے آئی۔دن رات کولہو کے بیل بنے رہو۔ان کی باتو ں کا جواب دینا موت کو دعوت دینا تھا۔ایک بولو سو سنو۔نہیں بولو تو کہیں گی منھ میں زبان نہیں ہے کیا ؟ چپ چاپ تولیہ لیے باتھ روم میں چلے گئے۔ بچے دوپہر کے کھانے کے لیے ڈائنگ ٹیبل پر براجمان ہوگئے ۔سبھی بچے آپس میں کانا پھوسی کررہے تھے کہ ان کے ساتھ آج کیا سلوک ہوگا۔جیسے ہی بچوں نے پکارا ۔''امی کھانا ''بس خطبہ کا آغاز

ہوگیا۔'' پڑھائی نہ لکھائی بس کھانا۔اور ٹی وی دیکھنا۔دن بھر میں ایک دو گھنٹے کتاب لے کر دکھا دیے کہ پڑھ رہے ہیں۔لاک ڈاؤن کیا ہوا مانو گھر میں دھما چوکڑی کا لائیسنس مل گیا ہو۔جب دیکھو شور شرابا سب کو پیٹ پیٹ کر لال کرنا ہوگا''۔ڈانٹتے ڈپٹتے کھانا پروستے ہوئے کہنے لگیں کہ جس نے بھی کھانا چھوڑا،اور سالن برباد کیا،اس کو اگر مرغا نہیں بنائی تو پھر کہنا۔ہمارے بچے تو سچ مچ ہمارے بچے ہی تھے مگر خود کو بل گیٹس کی اولاد سمجھتے تھے۔ان کی پسند کا کھانا نہیں ہوا تو ناک بھوں چڑھا لیتے۔پھر کھاتے وقت ڈائننگ ٹیبل بھی چاند کی طرح چمکنا چاہیے،اے سی بھی بند نہیں ہونا چاہیے۔کھانے کے بعد پھلوں کی قالیش ہمالہ کی مانند سامنے ہوں۔مگر بیگم کے سامنے آج تو سب بغیر کسی شرارت کے ایک دوسرے کا منھ دیکھ کر اور منھ بنا کر نوالہ ٹھونس رہے تھے۔۔۔

یہ جو منیا کی بکری ہے نا۔ناک میں دم کئے ہوئے ہے۔جب دیکھو ممیاتے ہوئے گھر میں گھس جاتی ہے۔حرام خور کھائے گی بھی اور گھر آنگن کو لید سے بھر بھی دے گی۔لگتا ہے منیا میرے بھروسے ہی بکری پالتی ہے۔ہم ڈرتے ڈرتے بولے ''اجی سنتی ہو۔گوشت نہیں گلا ہے''۔اب تو معلوم ہوا کہ قیامتِ صغرا برپا ہوگئی۔اپنی ہتھیلیوں سے پیشانی کو ٹھوکتے ہوئے کہنے لگیں۔''جتنے اچھے سے بنا کر دو لیکن عیب نکالنا تو فطرت میں شامل ہے، گلا نہیں ہے تو، صحیح سے بھنا نہیں ہے۔نمک کم ہے تیکھا زیادہ ہے۔نہ جانے کھانے کے آداب کے بارے میں کیا پڑھے ہیں۔

پھر بولیں ''دودھ کے دانت ہیں کیا۔چبا نہیں سکتے۔پڑوسن کے یہاں سے آجائے تو تعریف کر کر کے اور مزے لے لے کر کھائیں۔نہ جانے میرے ابو کو کیا سوجھا تھا کہ آپ کا دامن پکڑوا دیا۔اس سے اچھا تو کنواری مر جاتی''۔ہم بھی جلال میں آگئے اور کہا ''آپ کے چیخنے چلّانے سے گوشت گل نہیں جائے گا۔اب تو رونا دھونا شروع ہوگیا۔مارے غصّہ کے تیز قدموں سے بھاگتے ہوئے پلنگ پر اوندھے منھ الٹ گئیں۔سسکیاں کارخانے کے سائرن کی طرح بڑھتی رہیں اور آہستہ ہستہ کم ہونے لگیں۔ہم نے انہیں پوری طرح ٹھنڈا ہونے کے لیے چھوڑ دیا۔بچے بھی کمرے میں داخل ہوتے ہوئے سو بار سوچتے۔کچھ دیر کے بعد ہم چپکے سے ان کے پاس جا کر کھنکھارے۔کوئی جواب نہیں۔چہرے سے ہاتھ ہٹانے کی کوشش کی تو ہاتھوں کو جھٹک دیا۔اب بھی یہ آتش فشاں ٹھنڈا نہیں ہوا تھا۔پھر ہم نے ان کے سرہانے بیٹھ کر یہ دعا شروع کردی۔

اے میرے اللہ ان پر رحم فرما۔ان کے غصّہ کو اس طرح ٹھنڈا کر دے جس طرح تو نے ابرہیم کی آگ کو ٹھنڈا کر دیا تھا۔لاک ڈاؤن سے گھر میں جو انتشار پھیل رہا ہے اسے دور کردے۔ہماری بیگم کی طرح ہمیں بھی کھانا بنانے کی توفیق دے۔برتن تو ان کی طرح صاف نہیں کر سکتے پھر بھی اس کے قواعد سکھا دے۔گھر کی صفائی اور کپڑے دھونے کے فن سے مالا مال کردے۔بچوں نے زور سے کہا۔آمین۔یہ سن کر ان کے چہرے پر مسکراہٹیں دوڑ پڑیں۔بچے ان سے لپٹ گئے۔ہم بھی ان کے ساتھ ہو لیے۔اور وہ سب کو پیار سے ہٹاتے ہوئے کہنے لگیں۔ہمیں جانے دو ابھی کچن میں بہت کام پڑا ہے اور مسکرا کر کمرے سے باہر نکل گئیں۔۔

☆......○......☆

محمد رفیع انصاری
بھیونڈی

ایک تھا فاؤنٹین پن

گھر کی صفائی کے دوران سدّ و بھائی کو اپنے ٹیبل کی دراز میں چھپا ایک راندہ وپسماندہ' فاؤن ٹین پن مل گیا۔ اپنی صفائی کو ادھورا چھوڑ کر وہ اُسے اپنی انگلیوں میں تھامے اس طرح دیکھنے لگے جیسے کوئی آئینہ دیکھتا ہے۔ اس آئینے میں انھیں اپنا لیکھا جوکھا نظر آیا۔ انھوں نے اپنے آپ سے کہا یہ وہی قلم ہے جس سے میں نے اپنے تقریباً سبھی امتحانوں کے پرچے لکھے۔ ابھی وہ اسی سوچ میں مستغرق تھے کہ ان کا دس سالہ شریر پوتا ان کے قریب آ گیا اور' فاؤن ٹین پن' کو ان کے ہاتھ سے چھین کر پوچھنے لگا' دادا یہ کیا ہے؟'

سدّ و نے اسے بہلانے کی کوشش کی کہ یہ تمھارے کام کا نہیں بابا۔۔۔ مگر جب وہ نہ مانا تو انھوں نے فاؤن ٹین پین سے اپنے پوتے کو ملانے کا ارادہ کرلیا اور اس کے تمام ممکنہ سوالوں کے پیشِ نظر قلم کا کچا چٹھا پیش کرنے یوں بیٹھ گئے جیسے کوئی دادا اپنے پوتے کو کہانی سناتا ہے۔ انھوں نے کہنا شروع کیا

' دیکھو چھوٹے بابا! قلم کی یہ بڑی مقبول قسم رہی ہے۔ اسے فاؤن ٹین پین کیوں کہتے ہیں؟ یہ پہلا سوال ہے۔ فاؤن ٹین کا مطلب ہے چشمہ، اسے فوّارہ بھی کہتے ہیں، فوارہ یعنی پھوہار۔ اس قلم میں روشنائی کا ذخیرہ ہوتا تھا، حالانکہ اسے خود کار قلم بھی کہتے تھے، خود کار کا مطلب ہوتا ہے اپنے آپ کام کرنے والا، مگر ایسا نہیں تھا۔ اسے ہاتھ میں پکڑ کر چلانا پڑتا تھا، قلم پکڑنا آسان نہیں ہوتا۔ بعض لوگوں کو پڑھا لکھا ہونے کے باوجود عمر بھر قلم پکڑنا نہیں آتا، خیر۔

اب آؤ تمھیں کچھ روشنائی کے متعلق بتاؤں۔ روشنائی کا مطلب ہوتا ہے، روشنی، اُجالا، لکھنے کی سیاہی۔ روشنائی کا استعمال فاؤن ٹین پین ہی میں زیب دیتا تھا۔ اسے دوا کی طرح استعمال کرنے کے خطرناک نتائج سامنے آتے تھے۔ اگر کوئی یہ کہے کہ ' گھر میں بہت سیاہی ہے اور باہر بڑی روشنائی' تو ایسا کہنے والے کے بارے میں پڑھے لکھوں کی رائے اچھی نہیں ہوتی تھی۔

اب ذرا روشنائی کی خاصیت بھی سن لو، روشنائی سے لکھنے والے کے ذوق کا اندازہ لگایا جاتا۔ یہی کہ لکھنے والا کس قماش کا ہے؟، اس کا دل صاف ہے یا اس کے دل میں چور ہے۔ روشنائی اگر پھیکی ہو تو اس سے یہ سمجھ لیا جاتا کہ لکھنے والا کنجوس ہے۔ روشنائی اگر گہری ہے تو لکھنے والے کی گہری سوچ کا اندازہ ہوتا تھا۔ قلم چلتے چلتے اگر رکنے لگے تو لکھنے والا نصیب کا مارا کہلاتا، سیاہی خشک ہو جائے تو بد دماغ تصور کیا جاتا۔ بعض فاؤن ٹین پین ایسے ہوتے تھے کہ لکھنے کا کام ختم ہونے کے بعد بھی رستے رہتے، جیسے پانی کے سوتے سے پانی رستا رہتا ہے، ایسے قلم بڑے برکت والے ہوتے تھے۔۔۔ اسے بعض بامروت قلم کے آنسو بھی کہتے تھے۔ ایسے قلم کو علاج کے لیے قلم ساز کے پاس لے جایا جاتا، وہ اسے پل میں ٹھیک کر دیتا۔

مجھے یہ کہتے ہوئے مسرت ہوتی ہے کہ روشنائی کے دھبے چاند کے دھبے کی مانند دعوتِ فکر دیتے تھے۔ اساتذہ کی قمیض پر سیاہی کے نشانات، میر منشی کی ہتھیلیوں پر سیاہی کے دھبّے، اسکولی بچّوں کی بیاضوں اور کتابوں پر پھیلی ہوئی روشنائی کی بڑی اہمیت تھی۔ سیاہی کے ان دھبوں کو کوئی ' داغ' کہنے کی جسارت نہیں کرتا تھا۔ ایک اچھے قلم کار کی جیب کے اطراف، آستین میں یا دامن پر

قلم کی سیاہی کے نشان اُس کی شان بڑھاتے تھے۔وہ انھیں دامن پر سجائے جھومتا رقص کرتا رزم و بزم میں چلا جاتا تو سب لوگ اسے بہ نظرِ استحسان دیکھتے۔سیاہی کے نشان بہ آسانی بے نشان ہونے کا وصف بھی رکھتے تھے۔کاغذ کی جھوٹی سچی دستاویز پر اگر پانی پڑ جائے تو سارے کیے دھرے پر گویا پانی پھر جاتا تھا۔

فاؤن ٹین پین پنساری یا مٹھائی کی دکان پر نہیں دستیاب تھا حالانکہ اس کی مانگ اناج اور مٹھائی سے کسی طرح کم نہ تھی۔اس کے لیے مخصوص دکان ہوتی جسے اسٹیشنری کی دکان کہتے تھے۔وہ دکان جہاں سامانِ تحریر یعنی لکھنے کے سامان ملیں اسے اسٹیشنری کی دکان کہتے ہیں۔ ہمارے بچپن میں شہر میں اسٹیشنری کی دو (۲) دکانیں تھیں۔دونوں گھر سے دور ہونے کے باوجود ہمارے دل سے بہت قریب تھیں۔ایک کا نام' ہمدرد' تھا جو ہم بچوں کے پڑھائی لکھائی کے درد وغم کو بڑی آسانی سے دور کرتی۔کاؤنٹر پر کئی لوگ گاہکوں کی خدمت کرنے کو تیار رہتے۔ایک گول مٹول آدمی بچوں میں 'فاؤن ٹین پین' کی طرح مقبول تھے۔وہ ہمارے اشارے کو سمجھ جاتے اور فوراً سے پیشتر مطالبہ پورا کرنے کی کوشش کرتے۔اُن کا نام حسین تھا۔گھر سے صبح دم کان پر قلم رکھ کر نکلتے۔ڈیوٹی کے دوران بھی قلم کا استعمال کرتے جاتے اور پھر اسے کان پر رکھ لیتے۔جتنا ان کا قلم چلتا اتنی ہی زبان بھی چلتی۔دکان کے درد کے ساتھ ساتھ ان میں قوم کے بچوں کا بھی بڑا درد تھا، دکان کے مالک کے درد کو بھی وہ اپنا درد سمجھتے تھے۔آج اسٹیشنری کی دکانوں پر اُن کے جیسے لوگ کم ہی نظر آتے ہیں۔

اسٹیشنری کی دوسری دکان ' گاندھی اسٹور ' کہلاتی تھی۔مستطیل نما گاندھی اسٹور اندر سے گول تھی۔جو چیز طلب کی جاتی وہ فی الفور مہیّا ہو جاتی۔کرسی پر ایک صاحب مستقل بیٹھے رہتے تھے۔یہی گاندھی اسٹور کے حقیقی مالک تھے جو شکلاً سبھاش چندر بوس جیسے نظر آتے تھے۔ان کا ماتحت ایک اور شخص ہوتا تھا جو اپنی حسن کارکردگی سے آزاد ہند فوج کا سپاہی معلوم ہوتا۔یہ آدمی اُن کا دستِ راست تھا۔فاؤنٹین پین خریدنے والوں کے حکم کی تعمیل کرنے میں بڑے چھوٹے سبھی پیش پیش ہوتے۔قلم ٹیبل پر اس طرح سجا دیئے جاتے جیسے دسترخوان پر نوع بہ نوع کھانے چنے جاتے ہیں۔گاندھی اسٹور سے دس قدم کے فاصلے پر راستے کے کنارے ایک شخص قلم یعنی فاؤنٹین پین بیچتا تھا۔اس کے پاس صرف ایک صندوق ہوتا تھا۔اس کے کوٹ کی بارہ جیبوں میں طرح طرح کے قلم سجے رہتے ، سستے مہنگے،موٹے پتلے۔۔وہ زبان سے کچھ نہ کہتا۔مگر اس کا ہر قلم بزبانِ خاموشی اپنا اپنا تعارف پیش کرتا۔۔ہمیں یہ شخص قتیل شفائی کے حوالے سے یاد رہ گیا۔وہ قتیل شفائی سے بہت مشابہت رکھتا تھا۔اُس زمانے میں فلمی ستاروں کے ہم شکل ہی نام نہیں کماتے تھے بلکہ مشہور شاعروں اور ادیبوں سے مماثلت رکھنے والے بھی اعزاز پاتے تھے۔کیا زمانہ تھا ایک عرصہ تک وہ 'پین ماسٹر'قلم کے سہارے اپنا (اور اپنے بال بچوں کا) پیٹ پالتا رہا۔

فاؤنٹین پین کی زبان بالعموم دھات کی ہوتی تھی، اسے 'نِب' کہتے تھے۔اِس کی شکل پتنگے یا پروانے کی شکل کی ہوتی۔یہ نوکِ قلم کے نام سے بھی یاد کیا جاتا تھا۔نِب کے قیمتی ہونے کا قلم کی شہرت پر بڑا اثر پڑتا۔اُس زمانے کے لوگ بھی قلم کی زبان اور تلوار کی زبان خوب سمجھتے تھے۔قلم کی زبان کے سامنے تلوار کی زبان کبھی نہیں ٹھہر سکی، آج بھی تلوار بازوں کی بہتیری کوششوں کے باوجود قلم (یعنی فاؤن ٹین پین) ہی سر بلند ہے۔

مجھے اچھی طرح یاد ہے قلم داروں اور قلم کاروں کو قلم کی زبان یعنی نِب کو سنبھالنے کی ضرورت ہر آن پیش آتی تھی۔قلم برداشتہ لکھنے والوں کی راہ میں 'نِب' اکثر حائل ہوجاتی۔قلم کی زبان کو 'زبانِ گوہر بار' بنانے کے لیے بھی بڑے جتن کرنے پڑتے تھے۔اس کے لیے تعلیم گاہوں میں خاصا اہتمام کیا جاتا۔

مجھے یہ کہتے ہوئے بڑا فخر محسوس ہو رہا ہے کہ فاؤن ٹین پین کے عہد میں کوئی 'بد خط' ڈھونڈنے سے بھی مشکل ہی سے ملتا تھا۔اس قلم نے تقریباً دوسو برسوں تک دیارِ علم میں شان سے حکمرانی کی اور کوئی اس کا بال بیکا بھی نہ کرسکا۔

چھوٹے بابا، تمھارا زمانہ 'بال پوائنٹ پین' کا زمانہ ہے۔
بال پوائنٹ پن کو عرفِ عام میں 'بال پین' کہتے ہیں۔جن چیزوں کو طلب کر کے واپس کرنے کا معاملہ 'معاملہ' نہیں بنتا، اُن اشیا میں 'بال پین' کا شمار بھی ہوتا ہے۔قرض مانگنا، کتاب مانگنا، اخبار مانگنا، کی بہ نسبت بال پین مانگنا بہت آسان ہے۔
اس میں مانگنے والے کو کوئی تردد نہیں ہوتا۔ ضرورت مند صاحبِ قلم کی جیب میں بلا تکلف ہاتھ ڈال کر نکال لینے کو بھی چنداں غلط نہیں سمجھتا، یہی نہیں، ضرورت پوری ہونے پر اسے لوٹانے کا معاملہ بھی صاحبِ اختیار کے ہاتھ میں ہوتا ہے۔ وہ چاہے لوٹائے یا از راہِ بے تکلفی اسے اپنی جیب کی زینت بنا لے، یہاں بھی کوئی 'معاملہ' نہیں بنتا۔۔بال پین طلب کرنے والے سے قلم واپس لینے کا البتہ بُرا مانا جاتا ہے، کہ اتنی چھوٹی سی چیز کے لیے تقاضا بھلا کیسا؟
پیارے شاید تم کو معلوم نہیں کہ 'بال پین' کو عالمِ وجود میں آئے چونسٹھ برس ہو چکے ہیں، مگر اسے سرکار کی منظوری اور قبولِ عام کی سند حاصل کرنے میں نصف صدی کا عرصہ بیتا ہے۔۔۔۔
اب فاؤنٹین پین کا رواج تو نہیں رہ گیا لیکن اس نے جو نقش چھوڑے ہیں وہ ابھی تک باقی ہیں۔ بے شک قلم کی ارزانی کے اس دور میں تمھارا بال پوائنٹ پین 'بے قلم دان' ہے مگر فاؤنٹین پن دور رہ کر بھی 'قلم دانِ وزارت سنبھالے ہوئے ہے، ہے نا مزے کی بات۔

☆.....○.....☆

ڈاکٹر محمد مجتبیٰ احمد
دربھنگہ، بہار

دبلا کدھر گیا؟

جہاں تل دھرنے کی جگہ نہ ہو وہاں بھی میں پاؤں پسار لیتا ہوں ۔ یہ کمال مجھے بے تحاشا دبلے ہونے کی وجہ سے حاصل ہے۔ میرے علاقہ میں کئی لوگ میرے ہم نام ہیں لیکن دبلے پن میں میرا کوئی ہم پلّہ نہیں ہے ۔ غیر معمولی دبلا پتلا ہونے کی وجہ سے میں اس قدر کم وزن ہوں کہ وزن بتانے والی مشین بھی میرا وزن بتانے سے انکار کر دیتی ہے۔ جب بھی اس پر کھڑا ہوتا ہوں اس سے invalid کی پرچی برآمد ہوتی ہے جسے دیکھ کر میں اپنا جنتری سائز چہرہ دیکھنے لگتا ہوں ۔ وزن بتانے والی مشین کی طرح اپنے گھر میں بھی invalid ہوں ۔چشم بددور! بیگم کے ساتھ رکشے پر کھڑے ہو کر جانا پڑتا ہے کیونکہ ان کے بیٹھنے کے بعد جگہ کہاں ہوتی ہے؟ پھر بھی غیر معمولی دبلا پتلا ہونے کی وجہ سے میں سیٹ کے کنارے اکڑوں بیٹھ تو سکتا ہوں لیکن اس خوف سے ایسا نہیں کرتا کہ میرے بیٹھنے کی وجہ سے اگر یہ ذرّہ برابر بھی سیٹ کے دائیں یا بائیں ہوئیں تو رکشہ اُلٹ جائے گا اور سر راہ الٹنا اچھا نہیں ہوتا!

دبلا ہونے کی وجہ سے میں اپنے پڑوسیوں سے بھی قریب ہوں۔ حالانکہ میرے پڑوسیوں کا یہ حال ہے کہ وہ ایک دوسرے سے عید یا شادی میں ہی ملتے ہیں مگر میں اپنے پڑوسیوں سے عید یا شادی کے علاوہ تیز ہوا اور آندھی میں بھی ملتا ہوں ۔ میرے پڑوسیوں کے کپڑے تیز ہوا اور آندھی میں اُڑ اُڑ کر چھت و آنگن بدلتے ہوئے ایک دوسرے سے ملنے پہنچ جاتے ہیں ۔ میں بھی کپڑوں کی مانند ہلکا ہونے کی وجہ سے گھر کی جانب آتے جاتے تیز ہواؤں کے زور پر اپنے دروازے سے زیادہ پڑوسیوں کے دروازے پر پہنچ جاتا ہوں ۔ ایکسٹرا دبلا ہونے کی وجہ سے لوگوں کو جلد دکھائی بھی نہیں دیتا ۔ یہی وجہ ہے کہ میری موجودگی میں بھی کئی لوگ دبلا کدھر گیا؟ پتلا کدھر گیا؟ کہہ کر مجھے تلاش کرتے ہیں ۔ لیکن تیز آندھی میں میری جگہ اتنی تیزی سے بدلتی ہے کہ میرے رخ کا علم خود مجھ کو بھی نہیں ہوتا!

جسمانی اعتبار سے میں پیدائشی دبلا ہوں ۔ اس جہان آب و گل میں اپنی محنت سے صرف دماغ کو ہی موٹا کر پایا ہوں ۔ پڑھائی ، لکھائی میں بھی ہمیشہ میری حالت پتلی رہی ہے ۔ اس لیے اسکول کے کمپاؤنڈ میں ہی میری نوکری کے لائق ہو گئی۔

میں نے ملازمت کی خاطر دوڑ دھوپ شروع کی ۔ جب میں نے لاٹھی والی پولیس کا امتحان دیا تو اس میں اور بھی بہت سارے لاٹھی کی شکل والے امیدوار تھے لیکن لاٹھی کا ہو بہو میں ہی تھا۔ سو مجھے وہ نوکری مل گئی مگر جب بھی کہیں لاٹھی چارج کرنے کا حکم ملا اور میں نے حکم کی تعمیل میں لاٹھی اٹھائی تو لوگ میری لاٹھی چھین کر مجھ پر ہی برسانے لگے ۔ چنانچہ چند ہی دنوں میں لوگوں کی لاٹھی کھا کھا کر اپنی نوکری خود ہی کھا گیا ۔ اس کے بعد بیچ سڑک پر کھڑے ہو کر سیٹی بجانے والی نوکری مجھے ملی جسے ٹریفک پولیس کہتے ہیں ۔ٹریفک کی نوکری میں میں بہت کامیاب بھی ہوں اور مشہور بھی ۔ ہزاروں گاڑیاں میرے آگے پیچھے دوڑتی ہیں اور ایک سیٹی پر رک جاتی ہیں۔ میں ہمیشہ لوگوں کے بیچ میں ہوتا ہوں ۔ میری ڈیوٹی شہر کے مختلف چوراہوں پر لگتی ہے ۔ دائیں بائیں دیکھنے کی عادت تو مجھے بچپن سے رہی ہے ٹریفک پولیس میں بھرتی کے بعد آگے پیچھے بھی دیکھنے کا عادی ہو گیا ہوں۔ ٹریفک پولیس

کے لیئے زیادہ تر دبلے ہی موزوں ہوتے ہیں۔ اس لئے کہ انہیں چار سو سرعت کے ساتھ دیکھنا ہوتا ہے۔ بعض موٹے اور بہت موٹے ٹریفک پولیس والے اپنی گردن آگے سے پیچھے کرنے میں اتنی دیر لگا دیتے ہیں کہ سواریاں اشارہ نہ ملنے کی وجہ سے ٹکرانے لگتے ہیں۔ لیکن میں تو ہر چہار جانب گھوم کر اتنی سیٹی بجاتا ہوں کہ لوگ مجھے ٹریفک پولیس کی جگہ سیٹی پولیس کہتے ہیں۔ تاہم کچھ عمر دراز مرد و زن سیٹی سننا پسند نہیں کرتے۔ وہ مجھ سے کہتے ہیں کہ نہ تمہاری عمر سیٹی بجانے کی ہے اور نہ میری عمر سیٹی سننے کی۔ کچھ خواتین تو مجھ پر یہ الزام لگاتی ہیں کہ میں انہیں دیکھ کر ہی سیٹی بجاتا ہوں۔ اس طرح کی باتیں سن کر میں آنکھ موند کر ہی سیٹی بجانے لگتا ہوں لیکن کبھی کبھی آنکھ کھولنے پر سامنے میرے آفیسر کھڑے نظر آتے ہیں۔ وہ مجھے کسی دوسرے چوک پر روانہ کر دیتے ہیں۔ جب میں دوسرے چوک پر جاتا ہوں تو پہلے چوک پر سیٹی کا شور کم ہو جاتا ہے اور ہر کوئی دبلا کدھر گیا؟ پتلا کدھر گیا؟ کہہ کر ایک دوسرے سے میرا پتہ پوچھنے لگتا ہے۔

ایکسٹرا دبلا ہونے کی وجہ سے سفر میں بھی آسانیاں ہوتی ہیں۔ مجھے لوکل بس میں بھی جگہ مل جاتی ہے حالانکہ اس میں ایسی بھیڑ ہوتی ہے کہ بس کی ہر جرکنگ (jerking) میں مسافر ایک دوسرے سے جُھک جُھک کر سرگوشی کرتے ہوئے آگے بڑھتے ہیں۔ اکثر محرم اور نامحرم کے بیچ کی دوری بھی اتنی کم ہو جاتی ہے کہ کچھ شریف لوگ رشتہ دار بن جاتے ہیں۔ اس کسمپرسی کے عالم میں بھی بس کے کنڈکٹر مجھے جیتے جی مرنے سے بچانے کی خاطر ڈرائیور کی سیٹ کے قریب بس کے گیئر باکس (gear box) کے عقب میں ایک مٹھی خالی جگہ پر بٹھا دیتے ہیں۔ کبھی کبھی بے خیالی میں ڈرائیور صاحب گیئر (gear) کی جگہ مجھے ہی کھینچنے لگتے ہیں لیکن میرے پیچھے کھڑے مسافرین مجھے ریورس گیئر (reverse gear) میں کھینچ لاتے ہیں۔ کچھ دیر آگے پیچھے جھول کر میں نیوٹرل گیئر (neutral gear)) میں واپس آ جاتا ہوں۔ اتنی قلیل سی جگہ میں جہاں کوئی مسافر تو کیا اُس کا چھاتا بھی نہیں سماتا، میں آرام سے بیٹھ کر سفر مکمل کر لیتا ہوں۔

ریل گاڑی میں مجھے عام دنوں بلکہ تہواروں کے موسم میں بھی سیٹ ریزرو کرانے کی ضرورت نہیں پڑتی۔ میں جنرل بوگی میں ہی چڑھ جاتا ہوں جہاں چڑھنے کے لئے اولمپک، ایشیائی کھیل نہ سہی کم از کم قومی کھیل کے کشتی مقابلہ میں حصہ لینے کے لائق صحت کی ضرورت ہوتی ہے۔ میری صحت تو پہلوانوں کی سی ہے اس لئے میں زیادہ تر کھڑکیوں کے راستے ہی ٹرین میں داخل ہو جاتا ہوں۔ اندر داخل ہونے کے بعد مجھے زیادہ دیر کھڑا نہیں رہنا پڑتا۔ جیسے ہی کوئی مسافر اپنی ٹانگ سکیڑتا ہے میں اس جگہ پر اسے شکراً کہتے ہوئے بیٹھ جاتا ہوں۔ کبھی ایسا بھی ہوتا ہے کہ سیٹ پر بیٹھے لوگ سامنے کھڑے لوگوں کو دیکھ کر ٹانگیں سکوڑنے کی جگہ ناک بھوں سکیڑتے ہوئے سیٹ پر اور پھیل جاتے ہیں۔ ایسی حالت میں مجھے کچھ دیر کھڑا رہنا پڑتا ہے لیکن جیسے ہی سیٹ پر بیٹھا کوئی مسافر قریبی اسٹیشن پر اترنے کے واسطے کھڑا ہوتا ہے تو ایک بار ہی جھنڈ کے جھنڈ لوگ اس نعمت غیر متوقع کو حاصل کرنے کے واسطے آپا دھاپی مچاتے ہوئے آگے بڑھتے ہیں مگر نقص امن کے خطرے کو دیکھتے ہوئے ہر کوئی پکار اٹھتا ہے 'دبلا کدھر گیا؟' اور پھر میں مسکراتا ہوا سامنے آ جاتا ہوں۔ مجھے دیکھ کر سیٹ کے سارے دعویدار پیچھے کھسک جاتے ہیں اور میں مسکراتا ہوا سیٹ پر آ جاتا ہوں۔

آٹو رکشہ والے بھی بھلے ہی مجھے سیٹ نہیں دیتے مگر پیسہ بھی نہیں لیتے ہیں۔ آٹو رکشہ تو سڑکوں پہ چلنے سے زیادہ اُچھلتا ہے۔ اس وجہ سے آٹو والا کہتا ہے کہ میں سیٹ اُن لوگوں کو دیتا ہوں جو سپر جرکنگ (super jerking) میں اپنے وزن سے آٹو کو ہوا میں خطرناک حد تک اوپر اٹھنے نہیں دیتے اور نہ زمین پر اُلٹنے دیتے ہیں۔ میں آٹو ڈرائیور کے اشارے پر اس کے دائیں بائیں جو دو تین دبلے پتلے بہادر لوگ آدھے ترچھے کھڑے ہو کر سفر کرتے ہیں اس میں شامل ہو جاتا ہوں۔ زیادہ تر میں آٹو اور سڑک کے درمیان جھولتے ہوئے فیض احمد فیض کا یہ مصرعہ 'ہر

ایک قدم اجل ہے ہر گام زندگی' گنگناتے ہوئے آگے بڑھتا رہتا ہوں۔ ہاتھ اور پیر کی چند انگلیاں آٹو میں پھنسی ہوتی ہیں اور باقی جسم حد درجہ دبلا ہونے کی وجہ سے ہوا کے دوش پر کبھی آٹو کو چومتا ہے کبھی سڑک پہ جھومتا ہے۔

حد درجہ دبلا ہونے کا ایک بڑا فائدہ یہ بھی ہے کہ مجھے خود کے لئے کپڑا خریدنے کی ضرورت بہت کم ہی پیش آتی ہے۔ ایک خیاط دوست اپنے customers کے کپڑوں کے بچے ہوئے ٹکڑوں سے میرے کپڑے تیار کر دیتے ہیں۔ جب میری شادی طے ہو رہی تھی تو اوصاف جمیلہ کے بیان میں سب سے پہلے میری یہی خوبی بیان کی گئی تھی کہ یہ جناب جسمانی اعتبار سے اس قدر مختصر ہیں کہ انہیں با ضابطہ کپڑے خریدنے کی چنداں ضرورت نہیں۔ یہ کترن سے ہی کام چلا لیتے ہیں۔ لڑکی والوں نے مسکراتے ہوئے کہا تھا کہ ہونے والی بیگم کے ایک سوٹ کے کپڑے میں ہی اتنا کترن نکل جائے گا جوان کی عمر عزیز کے لئے کافی ہوگا۔

آج کل سماج میں منہ دیکھ کر دعوت دی جاتی ہے لیکن لوگ مجھے میرا منہ دیکھ کر نہیں بلکہ پیٹ دیکھ کر دعوت دیتے ہیں۔ میرے پیٹ سے میری پیٹھ کی دوری بس اتنی ہے جتنی دوری نچلے ہونٹ سے اوپری ہونٹ کے درمیان ہوتی ہے۔ مجھے دعوت تو اس امید پر ملتی ہے کہ میری خوراک ہی کیا ہوگی لیکن دستر خوان پر میری شاندار کارکردگی دیکھنے والوں کے بدن میں جھرجھری پیدا ہو جاتی ہے۔ لوگ بے اختیار بول اُٹھتے ہیں کہ اگر کھانا کھانا ہے تو دبلے بنو اور دوا کھانی ہے تو موٹے بنو۔

میں پانی سے زیادہ غصّہ پیتا ہوں۔ غصّہ پینا دینی اعتبار سے اچھی عادت ہے۔ بیگم نے غصّہ پلاتے پلاتے مجھے اس قدر دیندار بنا دیا ہے کہ اب علاقہ کے بہت سے دبلے لوگ مجھ سے بیعت ہونے تشریف لاتے ہیں۔ میں بیعت سے پہلے یہ وعدہ لیتا ہوں کہ آپ کبھی تیز ہوا میں کھلی چھت پر جا کر چاند یا ستارہ تلاش نہ کریں اس لیئے کہ جان ہے تو جہان ہے۔

مجھے کبھی کبھی بلا ٹکٹ بھی ٹرین میں سفر کرتا پڑتا ہے کیونکہ ٹرین میں تو میں کھڑکی سے بھی داخل ہو جاتا ہوں یا اسے پکڑ کر لٹک جاتا ہوں لیکن ٹکٹ کاؤنٹر کی کھڑکی میں اتنے ہاتھ داخل ہوتے ہیں کہ مجھے لگتا ہے کہ اگر کسی کرشمہ کے زیر اثر ہی سہی میرا دبلا پتلا ہاتھ ٹکٹ کاؤنٹر کے اندر گیا بھی تو ٹکٹ تو دور کی بات ہے ہاتھ بھی شاید واپس نہ ملے گا! ٹکٹ چکر (ٹی۔ٹی۔سی) ملتے ہیں تو وہ ٹکٹ دیکھنے کی جگہ مجھے ہی دیکھنے لگتے ہیں اور مجھے ٹکت کٹانے کی بجائے کھانا کھانے کی صلاح دیتے ہیں۔

دبلے ہونے کی وجہ سے میں کبھی بھی شوہرانہ لہجے میں بات نہیں کرتا کیونکہ سنگ اٹھایا تھا کہ سر یاد آیا والی بات ہو جاتی ہے۔ مومنانہ لہجہ بھی میں استعمال نہیں کرتا۔ یہ لہجہ کرونا کے زیر اثر ان دنوں واٹس ایپ پر ہی رائج ہے۔ عالمانہ یا شریفانہ لہجہ میں تو لوگ آج کل پہچانے ہی نہیں جاتے اور برادرانہ لہجہ کم سے کم بیگم کے آگے درست نہیں ہوتا۔ موٹے لوگ تو تحکمانہ لہجہ سے اپنی بات منوا لیتے ہیں لیکن مجھ جیسے دبلے لوگوں کو سوائے خوشامدانہ لہجہ کے اور کوئی انداز کامیابی سے ہم کنار نہیں کرتا۔ اس لہجے سے سیاست میں لال بتی ملتی ہے اور ادب میں امتیازی نشان لیکن میں نہ سیاست داں ہوں نہ ادیب۔ میں ایک معمولی مگر غیر معمولی دبلا انسان ہوں اور بس اتنا چاہتا ہوں کہ کچھ دن تیز ہوا اور زور دار آندھی نہ آئے تا کہ میرے قدم اپنی جگہ پہ ہوں اور لوگ مجھے میرے نام سے بلائیں یہ نہ کہیں کہ 'دبلا کدھر گیا؟'۔۔

☆......○......☆

سید عارف مصطفیٰ
کراچی

آئی رے سردی

سردی کب شروع ہوتی ہے اس بارے میں الگ الگ اندازے ہیں لیکن اس پہ سب کا اتفاق ہے کہ جب لگنا شروع ہوجائے اسی دن سے سردی شروع ہوجاتی ہے، تاہم روایتی طور پہ سردی کا آغاز بالعموم دسمبر کے مہینے سے شمار کیا جاتا ہے کیونکہ ہر برس دسمبر کی آمد پہ گرما گرم شاعری اور سرد مغالطوں کی نئی فصل کاشت ہوتی ہے اور ہر بار عاشق دسمبر کی آمد کا جس بیتابی سے انتظار کرتے ہیں تو یوں معلوم ہوتا ہے کہ جیسے اس بار کے دسمبر میں تو وہ اپنے عشق کی کیاری میں ذاتی خون جگر سے سینچی گئی رومانی مولی کاشت کر ہی لیں گے۔ لیکن پھر ہوتا یوں ہے کہ ان کا عشق سرد موسم کے دو تین ٹھٹھراتے غسل ہی میں کافی ٹھنڈیا جاتا ہے اور پھر وہ سارا خنک موسم کھانستے چھینکتے اور بڑا سا گرم ٹوپا پہنے رقیب کی مونگ پھلیاں ٹھونگتے اور اس سے فرمائش کر کے گرما گرم چکن سوپ پیتے گزار دیتے ہیں۔ یوں مزید عشق کرنے کے لیے وہ بھی سلامت رہتے ہیں اور رقیب کو بھی گزند نہیں پہنچتی۔ کچھ ہونہار عاشق اس موسم میں محبوب کے بھائی سے دوستی گانٹھ کے اس کی گلی میں بلکہ عین اس کے گھر کے سامنے اکثر بڑے دھڑلے سے لکڑیاں جمع کر کے الاؤ روشن کرنے میں کامیاب رہتے ہیں، یوں محبوب کا بھائی ہاتھ تاپتا ہے اور وہ دل تاپتے ہیں اور گاہے آنکھیں سینکتے ہیں۔

سردی کی کونپل چونکہ دسمبر میں سر ابھارتی ہے چنانچہ کچھ خاص قسم کے شعرا کی افزائش کا مہینہ بھی یہی ہے جنہیں ہم دسمبری شاعر کہتے ہیں کیونکہ ان کے کلام کا مرکزی نکتہ سرد دسمبر کا گرم انتظار اور اس کا والہانہ خیر مقدم ہوتا ہے اور یہ دسمبری کلام عام طور پہ تاثیر کے لحاظ سے ٹھنڈے موسم سے بھی کہیں زیادہ ٹھنڈا ہوتا ہے، اتنا ٹھنڈا کہ اس کی خنکی سے اس کے تمام ردیف اور قافیے اور اوزان وغیرہ بھی ٹھٹھر جاتے ہیں- موسم سرما کی خصوصیات یوں تو بے شمار ہیں لیکن آغا ان میں سے خاص الخاص یہ قرار دیتے ہیں کہ سردی درحقیقت قدرت کی طرف سے کپکپانا سکھانے کا وہ سالانہ ٹریننگ پروگرام ہے جس سے ملازمت اور ازدواجی زندگی، دونوں ہی کو خوش اسلوبی سے بھگتانے میں بڑی اخلاقی مدد ملتی ہے اور اس سیزن سے حاصل کردہ سبق کے تحت بغلوں میں ہاتھ دبائے رکھنے اور کسی قدر خمیدہ پشت ہو کے چلنے کی عادت پڑ جانے سے اور بعد از موسم سرما اس انداز کو معمول بنا لینے سے تو دنیاوی درجات کی بلندی تقریباً یقینی ہوجاتی ہے-

ہجر و فراق کے رموز پہ گہری نظر رکھنے والوں کے مطابق تکنیکی و فنی لحاظ سے سردی کا موسم ہی درحقیقت سرد آہ بھرنے کا اصل موسم ہے۔ غیر محتاط اور ناتجربہ کار عاشق گرم مہینوں میں سرد آہ کھینچنے کی کوشش میں اپنی بچی کھچی توانائی اور محبوبہ کا اعتبار کھوتے ہیں۔ سرد موسم میں سرد آہ بھرنے پہ کسی کو اعتراض بھی نہیں ہوسکتا کیونکہ پھر وہ بھاپ بن کے خارج ہوتی ہے اور اردگرد کے ماحول کے لیے راحت افزا ہوتی ہے- اس بارے میں آغا کی جانفشانی سے کی گئی ریسرچ کے نتائج یہ بتاتے ہیں کہ اگر 10 ہزار عاشق شہر کے کسی ایک حصے میں جمع ہو کر ایسی بھاپ کے اخراج کے لیے کمربستہ ہوجائیں تو اس کی حدت سے شہر میں ٹھنڈ کی شدت میں مناسب کمی لائی جاسکتی ہے۔۔

سرد موسم کی نسبت سے ایک اہم اور بڑی سچائی یہ بھی ہے کہ

موسم سرما کی شدت کا اندازہ تو تھرمامیٹر یا کیلون میٹرقسم کے آلات کی مدد سے کیا جاسکتا ہے ۔لیکن سردی کا احساس ان پیمانوں سے ماورا ہے کیونکہ ماہرین کا یہ کہنا ہے کہ سردی اور بے عزتی کو جتنا محسوس کرو وہ اتنا ہی لگتی ہے ۔ ویسے کسی بندے کا اختیار تو دونوں پہ نہیں لیکن سردی کے احساس کوختم کرنے کے لیے گرم کپڑے لادنے پڑتے ہیں اور بے عزتی کے احساس کوختم کرنے کے لیے دوسروں کے کپڑے بھی اتارنے پڑتے ہیں--

آغا کہتے ہیں کہ سردی طاقت کے پیمانوں کو الٹ دینے والے ایک ایسے زمانے کا نام ہے جس میں بھالو جیسے بھاری بھرکم افراد سب سے زیادہ کپکپاتے دکھتے ہیں جبکہ قدرت نے ان کے اندرون میں چربی کے ایک دوکمبل پہلے ہی گردا گرد لپیٹ دیے ہوتے ہیں لیکن پھر بھی وہ سب سے زیادہ سردی کے مارے معلوم ہوتے ہیں۔

ان کے برعکس ان چھچھڑا سی جسامت والوں کو دیکھیے ، کہ اکثر سخت سردی میں دانت پہ دانت جمائے نیلے پڑتے ہونٹوں کو بھینچے ، چھلکا سی ٹی شرٹ پہنے نظر آتے ہیں اور اپنے چندکلو والے منحنی وجود کا سپاٹ سینہ اس حد تک تانے ونکالے، ادھر سے ادھر لیفٹ رائٹ کرتے پھرتے ہیں کہ گویا: شمشیر سے باہر ہے دم شمشیر کا۔۔۔لیکن زیادہ حیرت انگیز معاملہ خواتین کا ہے کیونکہ تاریخ شاہد ہے کہ سردی کے موسم نے ہمیشہ خواتین سے مات کھائی ہے۔۔اگر کسی کو یقین نہیں آئے تو ذرا اس موسم میں ہونے والی کسی تقریب میں شرکت کر کے خود دیکھ لے ، جہاں مرد حضرات گرم سوٹوں جیکٹوں اور سوئٹروں کے اندر پناہ گزین ہونے کے باوجود بغلوں میں ہاتھ دبائے اور دانت پہ دانت جمائے کرسیوں اور صوفوں پہ پڑے ٹھٹھرتے پائے جاتے ہیں وہیں یہ نازک اندام مخلوق موسمی حفاظتی اقدام سے بے نیاز ہو کے باریک ریشمی و جاپانی کپڑوں میں ملبوس سینہ تانے مجاہدانہ خروش سے ہر سمت دوڑتی پھرتی دکھائی دیتی ہے۔

یہاں موسم سرما کے ایک خاص الخاص تحفے کا ذکر تو رہ ہی گیا۔۔۔آپ کے ذہن میں اگر بھاپ اڑاتے قہوے کافی یا سوپ آرہے ہیں یا پھر گاجر کے کھوئے اور انڈے والے حلوے اور بھاپ اڑاتے سوپ کے جلوے دھیان میں ہیں یا خشک میوہ جات کی فہرست نظر میں ہے تو اپنی نیت اور سوچ پہ قابو رکھیے کیونکہ یہاں میری مراد فقط لحاف سے ہے جو کہ سردیوں میں یہ بے تحاشا نیند لانے کا جادوئی اور مجرب آلہ ہے اور اسے اوڑھ کے جو نیند آتی ہے ویسی نیند صرف سرکاری ملازموں کو دفتر میں ہی آپاتی ہے- آغا اسے ایک ایسی عمل انگیز شے بتاتے ہیں کہ جس کے اوڑھنے سے کبھی کبھی دماغ سے پہلے ضمیر سوجاتا ہے- اب یہ سردی بچاؤ ڈھال محض گاؤں دیہاتوں یا غریب غربا تک ہی محدود ہوگئی ہے کیونکہ اس کی روئی کئی نسلوں تک ساتھ دیتی ہے اور اس میں کئی بزرگوں کی بسی باس ہمیشہ ان کی یاد دلاتی رہتی ہے اور اسے آئندہ بھی یقینی بنائے رکھنے کے لیے لحاف ترکے اور وراثت میں آگے منتقل ہوتے رہتے ہیں۔

آغا کے مطابق لحاف خصوصی رومانویت کے حامل ہوتے ہیں کیونکہ ان کی تیاری کا اہم ترین عنصر ڈورے ڈالنے جیسا جذبات انگیز عمل ہے۔ لحافوں کی ایک بڑی خوبی یہ ہے کہ بوسیدگی سے بننے والے سوراخوں کو بھنا کے یا سٹپٹا کے دفعتاً بھرا یا چینپا جاسکتا ہے اور کئی بچوں کو اس میں سلا کے شریک حیات سے محبت کے دو میٹھے بول بے خطر بولے جاسکتے ہیں جبکہ کمبل انگریز کی دین ہے اور سراسر انہی کی طرح ناقابلِ اعتبار و بے وفاقسم کی شے ہے-اس میں ایک بار کہیں سے سوراخ ہوجائے تو بڑھتا ہی جاتا ہے اور کئی خوفناک امکانات کے باعث بہت ڈراتا ہے اور زیادہ سہانا وقت دوسرے کے کمبل کی طرف سے ہوشیار اور چوکنا رہنے میں ضائع ہوجاتا ہے- ایک خامی اس میں مزید یہ ہے کہ ذرا بے احتیاطی سے فوراً ''تنبیہی'' کرنٹ بھی مارتا ہے- ایک خرابی البتہ لحاف میں اور بھی ہے اور وہ یہ کہ اگر اسے سردیوں کی سہ پہر میں اوڑھ کے لیٹا جائے تو شام کو اٹھنے نہیں دیتا ، زبردستی اٹھا دیا جائے تو صبح ہونے کا مغالطہ پیدا کردیتا ہے۔

موسم سرما سے اپنے آغا کو جتنی الفت ہے خواجہ صاحب کو اتنا ہی زبردست بیر ہے اور بہت پرانا ہے جس کی پہلی وجہ شاید یہ ہے کہ اس پورے موسم میں ان کی ناک کی پھننگ ثابت قدمی سے سرخ رہتی ہے جس کے نیچے سے ایک چشمہ سا دائم رستا نظر آتا رہتا ہے اور شاید اسی لیے اس موسم کی مذمت میں وہ بہت دور کی کوڑیاں لاتے ہیں اور اکثر یہ کہتے ہیں کہ سرما ایسا واہیات موسم ہے کہ اس میں جذبے ہی نہیں سوچ تک سکڑ جاتی ہے اور بندہ صحیح طرح غور وفکر بھی نہیں کرسکتا۔ حالانکہ وہ تو کبھی گرمیوں میں بھی غور وفکر کرتے نہیں پائے گئے- ان کا یہ بھی کہنا ہے کہ یہ اسی موسم کا کھڑاگ ہے کہ لقوے اور تقوے کو ایک ساتھ بیدار کرتا ہے اور زوجہ خواہ کتنی ہی حسین نازنین کیوں نہ ہو نہانے پہ مجبور کرنے والی سازش کا آلہ کار معلوم ہوتی ہے-

خواجہ تو سردیوں میں نہانے والی خالی بالٹی کی طرف نظر بھر کے بھی نہیں دیکھتے کیونکہ کہتے ہیں کہ صرف اسے دیکھنے سے بھی بہت دیر تک ٹھنڈ لگتی رہتی ہے-تاہم خواجہ جب کبھی اہل خانہ کے پیہم تقاضوں اور احباب کے مسلسل اصرار پہ اگر کبھی دل کڑا کرکے نہانے کے لیے خود کو قضا وقدر کے حوالے کر بھی دیتے ہیں تو وہ موسم سرما کا گرم ترین دن ہوتا ہے لیکن پھر بھی ان کے غسل کی تیاری کا ماحول غسل میت سے صرف اسی حد تک کم ہوتا ہے کہ بیری کے پتے نہیں منگائے جاتے۔ سردی کی آمد کی اطلاع بھی بالعموم ہمیں خواجہ صاحب سے ہی ملتی ہے اور وہ یوں کہ وہ اچانک مسلسل کئی دن دکھائی نہیں دیتے اور پھر جب نظر آجائیں تو ذرا پہچانے نہیں جاتے، کیونکہ اپنا منہ بہت بڑے سے اونی ٹوپے میں پیک کیے بغیر گھر سے نہیں نکلتے جس کے گرد اونی مفلر کی فصیل بھی حصار بندی کیے ہوتی ہے- ان کے نہایت گرم و مجہول ملبوس کو دیکھ کے لگتا ہے کہ جیسے سردی بھی کوئی کانا دجال ہے کہ جس سے جہاد کو خوب تیاری سے نکلے ہیں یا پھر کسی خلائی مشن کے لیے منتخب کر لیے گئے ہیں۔ سچ کہیں تو ان کی سردی کو دیکھ کے ہمیں یکا یک بہت سردی محسوس ہونے لگتی ہے اور جسمانی پارہ دھڑام سے کئی سینٹی گریڈ گر جاتا ہے۔

ویسے روایتی طور پہ خواجہ صاحب سرد موسم کے مقابلے کے لیے ہر برس ایک ایسے تاریخی اوورکوٹ کا سہارا لیتے ہیں کہ جو کبھی ان کے دادا جان کا تھا جو کہ ولولے، ظرف، جسامت اور گھیرے میں ان سے کہیں بڑے تھے اس لیے دیکھنے میں ایسا کم لگتا ہے کہ انہوں نے اوورکوٹ پہنا ہے بلکہ یوں دکھائی دیتا ہے کہ جیسے اوورکوٹ نے انہیں پہنا ہوا ہے کیونکہ اس میں کم ازکم ایک ڈیڑھ فرد کی مزید گنجائش ہمیشہ باقی معلوم ہوتی ہے۔ یہ تاریخی اوورکوٹ اپنی ہیئت اور ضخامت اور بوسیدگی کے لحاظ سے دیکھنے میں کسی پرانے تاریخی قلعے کا سا نظر آتا ہے اور خواجہ اس قلعے کے ایک کونے میں پڑے ایسے قیدی معلوم ہوتے ہیں کہ جسے اپنے زندان سے ایسی انسیت ہوچلی ہے کہ گویا اب رہائی ملے گی تو مرجائیں گے۔ وہ اس اوورکوٹ کی تاریخ اور افادیت اسی جوش اور ولولے سے بیان کرتے ہیں کہ جیسے تگڑی ٹپ ملنے کی امید میں تاریخی قلعوں کے گائیڈز کا شعار ہوا کرتا ہے۔ آغا کو البتہ سردی کا موسم بہت مرغوب ہے کیونکہ انہیں سویٹر پہننا بہت پسند ہے اور وہ بھی اپنی جوانی دیوانی کے زمانے کے، کہ جب وہ شوخ رنگوں اور بہت سی چٹاخ پٹاخ رنگین پٹیوں والے سویٹروں کے بل پہ کہیں نہ کہیں سے خوبصورت دکھتے تھے تاہم اس جمالیاتی مغالطے کی میعاد ایسے سویٹروں کے زیب تن رہنے تک ہی محدود رہتی تھی-

بہر طور، یارمن آغا اس راز کو پا چکے تھے کہ سردی ایک ایسا مہربان موسم ہے جو اپنے خوبصورت سویٹروں اور جیکٹوں کے سہارے بجو کی سی شکل والوں کو بھی کہیں نہ کہیں سے قبول صورت بنا ہی دیتا ہے اور دلکش نظر آنے کے اس آسان راز کو سمجھنے میں انہیں 60 اور 70 کی دہائی کی بھارتی و پاکستانی فلموں سے خصوصی مدد ملی تھی کیونکہ اس دور کے ہر فلمی گانے میں کم ازکم پانچ چھ خوبصورت سویٹروں اور جیکٹوں کی نمائش ضروری سمجھی جاتی تھی کہ جن سے حاصل کردہ جمالیاتی سہارے کی بنا پہ ان میں کسی بھی

انسانی شکل کا ہیرو بلا جھجک ڈال دیا گیا ہوتا تھا اور یوں اس گانے میں اپنے منہ سے دگنا تگنا بڑا جوڑا ہلاتی اور بڑی بڑی مصنوعی پلکیں پٹپٹاتی ہیروئن کا چہرہ رنگ بھرے نہ بھرے ہیرو کا بہت سی رنگارنگ پٹیوں والا سویٹر ضرور رنگ بھر دیا کرتا تھا۔اس ضمن میں خواجہ صاحب کی تحقیق یہ بتاتی ہے کہ زیادہ تر غلط بنے رومانی جوڑے سرد موسم کے ان غلط فہمی پرور حسین پہناوؤں کے بل پہ ہی بنتے ہیں اور پھر تاعمر آنسو بہاتے اور یخنی کی بھاپ جیسی گرم آہیں خارج کرتے دکھائی دیتے ہیں۔

ہمارے آغا صاحب کا موسم سرما سے ایسا والہانہ رشتہ ہے کہ ان کے بقول اس موسم میں ترنگ و مستی کو کھلا چھوڑ دیا گیا ہے اور کیف و سرور کو اٹا اٹ بھر دیا گیا ہے حتیٰ کہ اس سیزن میں موم پھلی والے کو صرف دیکھنا تک بہت لذت بخش ہوتا ہے اور گرما گرم مونگ پھلی تو بہشتی میوہ معلوم ہوتی ہے۔ ٹھنڈ پڑتے ہی گرم مشروبات جسم میں ایسی چونچالی سی بھر دیتے ہیں کہ کسی قدر چھچھور پن بھی قابل معافی ہوجاتا ہے۔ان دنوں گرم چکن سوپ بھی خوب فروخت ہوتا ہے جو دراصل اس مرغی کا غسل میت ہوتا ہے کہ جسے گاہک کے تصور کو ذائقے اور اشتہا کے امکانات سے بھر دینے کے لیے سوپ کے عین اوپر کئی دن مسولینی کی مانند لٹکا کے رکھا جاتا ہے، اس موسم کی ایک نمایاں خوبی یہ بھی ہے کہ یہ بھانت بھانت کی کولڈ کریمیں، لوشنز، ویسلینیں اور تیز خوشبوؤں والے پاؤڈروں کے انبار بھی ہمراہ لیے آتا ہے جو کہ درحقیقت دکانداروں کی جانب گاہکوں کی جیب پہ خوشبودار ڈاکے ڈالنے کا موجب ہوتا ہے اور خواتین کی نیک نیتی اور تعاون سے ان کے مردوں کی سرد موسم کی بچتیں اس لیے دکانداروں کی تجوریوں میں منتقل کردی جاتی ہیں کہ اس موسم کی بھڑکتی اکساہٹ کے باعث وہ کوئی بڑا گل کھلانے کے قابل نہ رہ پائیں لیکن ان گھروں کی پلی ہوئی خواتین کی سادگی تو دیکھیے کہ یہ بالکل بھول جاتے ہیں کہ یہی سامان تو جھریوں سے اٹی نہایت کھردری بڑھیا کو بھی چکنی و ملائم سی جاپانی گڑیا بناتا ہے اور اشتہا کے نئے امکانات جگاتا ہے۔

موسم سرما کی خوبیوں میں ایک نمایاں تر یہ بھی ہے کہ یہ کھانے کے لیے بہت سی ایسی ورائٹیوں کی غذائیں اور ماکولات و مشروبات بھی حاضر کرتا ہے کہ جن کے سامنے کسی بھی طرح کے پوشیدہ و محتاط ندیدے کا پردہ بھی چاک ہو کے رہتا ہے۔ تاہم موسم سرما واضح طور پہ دولتمندوں کا موسم ہے کیونکہ اہل ثروت خشک میووں سے دل بہلاتے ہیں اور نادار لوگ ان کی قیمتیں سن کے اپنا خون خشک ہوتا محسوس کرنے میں۔ امرا حسب ایمان برانڈی یا قیمتی کافیاں پی پی کے اپنا خون گرماتے ہیں جبکہ رہا غریب۔۔۔تو اس کا خون کھولانے کے لیے بجلی کا بل دیکھنا یا پھر عابدہ پروین کی کافی سننا ہی کافی رہتا ہے۔اس موسم کی اور کیا توصیف بیان کروں بس چلتے چلتے یہ اور سن لیجیے کہ اپنے آغا اس موسم کی ایک اضافی خوبی یہ بھی بیان کرتے ہیں کہ یہی تو وہ زمانہ ہے کہ جس میں کف افسوس بڑے دھڑلے سے سب کے سامنے ملا جاسکتا ہے!۔۔

☆......○......☆

سعید خان زیدی
اورنگ آباد

س..سس....سردی

ایک مہینے سے ہمارا شہر کڑاکے کی سردی سے ٹھٹھر رہا ہے۔ گھر کے فرش تک برف کی سل بن گئے ہیں جن پر پیر پڑتے ہی ٹھنڈا کرنٹ بدن میں اتر جاتا ہے۔ اس چرکہ سے بچنے کی کوشش میں اہل خانہ فرش پر پورا پیر رکھنے کے بجائے پنجہ سمیٹ کر بھینچی ہوئی انگلیوں اور ایڑی کے سہارے چل رہے ہیں۔ سردی سے کپکپاہٹ کا یہ عالم ہے کہ کئی دنوں سے ریڈیو پر محمد رفیع کے گانے طلعت محمود کی آواز میں بج رہے ہیں۔ سنا ہے سامعین نے ریڈیو اسٹیشن والوں کو اس غلطی کی طرف متوجہ کیا تو انہوں نے معذرت میں کہا کہ وہ آئندہ محکمہ موسمیات سے جانکاری ملنے کے بعد گانے نشر کریں گے!

داناؤں نے کوئی بھی کام کرنے سے پہلے اس کے نتائج پر اچھی طرح غور وفکر کرنے کی تلقین کی ہے۔ اس معقول نصیحت پر یوں تو ہر موسم میں عمل کرنا چاہئے لیکن افسوس کا مقام ہے کہ لوگ صرف سرما میں اس پر عمل کرتے ہیں۔ یہ موسم ہی ایسا ہوتا ہے جس میں ٹھٹھرتے آدمی کے لیے ہر کام ایک مسئلہ بن جاتا ہے چنانچہ وہ اس کے ہر پہلو پر باریک بینی سے غور وخوض کرنے کے بعد اسے کرنے یا نہ کرنے کا فیصلہ کرتا ہے۔ آج کل صبح جاگنے کے بعد ہم دیر تک سوچتے پڑے رہتے ہیں کہ گرم بستر چھوڑنا چاہیے یا نہیں؟ آخر اتنی جلدی اٹھنے کی کیا ضرورت ہے ابھی تو صرف نو بجے ہیں۔ اسکول جانے میں پورا ایک گھنٹہ پڑا ہے۔ گیارہ بجے رضائی اور اس پر پڑے کمبل (جسے ہم کسی قیمت پر چھوڑنے تیار نہیں) میں بدستور دبکے ڈیوٹی سے رخصت لینے اور مناسب ترین بہانہ پر غور کرتے ہیں۔ بارہ بجے کے قریب جب باورچی خانے میں سے چنگھاڑ کر ہمیں جھنجھوڑا جاتا ہے کہ آخر افلاسیوں کی طرح کب تک اینڈ ھتے رہو گے' اٹھتے ہو یا میں آکر رضائی کھینچوں' تب ہم بادل نخواستہ بستر چھوڑ دیتے ہیں۔ فرش پر پہلا قدم رکھتے ہی سسکاری نکل جاتی ہے۔ ہم اسی جگہ انگلیاں سمیٹ کر کھڑے کے کھڑے رہ جاتے ہیں اور اسی عالم میں طئے کر لیتے ہیں کہ اب احتیاطاً پلنگ کے نیچے چپل ضرور رکھ لیا کریں گے۔ ہماری صحت کا راز بلا ناغہ ہر جمعہ کو نہانے میں پوشیدہ ہے مگر ایسے موسم میں یہ بڑے دل گردہ کا کام ہے۔ بدن پر پانی ڈالنے کے خیال سے ہی ہمارے رونگٹے کھڑے ہو جاتے ہیں۔ حمام میں گھسنے کے بعد ہم ٹونٹی کو تکتے ہوئے غور وفکر کے بعد صرف منہ دھونے کا فیصلہ کر لیتے ہیں لیکن عملاً یہ بھی آسان دکھائی نہیں دیتا۔ ٹھنڈے پانی میں ہاتھ ڈالنے سے پہلے ہم یہ سوچ بغیر نہیں رہتے کہ کیا آج کُلی سے کام نہیں چل سکتا؟ البتہ اس موسم کا ایک فائدہ یہ ضرور ہے کہ ہماری طرح رات کو دیر سے گھر لوٹنے کے عادی حضرات سردی کی مار سے بچنے مجبوراً سرِ شام ہی گھر آجاتے ہیں جس کے سبب وہ دھواں دھار لمبی تقریر سننے سے بچ جاتے ہیں' جو عام طور پر دوسرے دنوں میں رات کو دیر تک دروازہ کھٹکھٹانے کے بعد باہر کھڑے کھڑے سننی پڑتی ہے۔ مگر اس کو کیا کیجیے کہ شریفوں کی طرح جلدی گھر آنے کے باوجود داد نہیں ملتی۔ الٹا یہ پوچھا جاتا ہے کہ کیا بات ہے آج جلدی آگئے، کیا کچھ بھول گئے تھے؟

ماہرین طبعیات (Physics) سے ہم متفق ہیں کہ سردی کے اثر سے اشیا سکڑ جاتی ہیں۔ اس اصول کے عین مطابق ہمارا

8 نمبر لیدر کا جوتا جیسے جیسے سردی بڑھتی ہے تنگ ہوتے ہوتے 7 یا 6 نمبر کا ہوجاتا ہے۔ اسے پہننے اور اتارنے میں اگرچہ خاصی تکلیف ہوتی ہے لیکن اس حالت میں بھی یہ خاصا کارآمد ثابت ہوتا ہے۔ اس تغیر کی مدد سے ہم صحیح درجہ حرارت معلوم کر لیتے ہیں۔ وہ اس طرح کہ جب سخت جدوجہد کے بعد ہم جوتا پہننے میں کامیاب ہوجاتے ہیں تو سمجھ جاتے ہیں کہ درجہ حررات 7 ہے اور جب ایڑی چوٹی کا زور لگانے کے باوجود پنجہ بھی جوتے میں نہیں گھس پاتا تو فوری پتہ چل جاتا ہے کہ اس وقت ٹمپریچر 6 ہے۔ جوتے سے تپش پیما کا کام لینے میں قباحت نہیں ہے۔ اسے اپنی مرضی کے مطابق استعمال کیا جاسکتا ہے۔ عراق میں غاصب امریکی صدر بش کے منہ پر جوتا پھینک کر قومی غیرت کا مظاہرہ کیا گیا تھا۔ ادھر ہمارے ملک کے سیاستداں بھی جوتے کے صحیح مصرف سے بخوبی واقف ہیں۔ یہاں جب حکومت بنانے یا گرانے کے لیے گٹھ جوڑ یا توڑ جوڑ کا کھیل کھیلا جاتا ہے تب جوتیوں میں خوب دال بٹتی ہے۔

سائنسدانوں نے اشیا کی طرح جانداروں پر سردی کے اثرات کی شاید تحقیق کی ہو لیکن ہماری دریافت کے مطابق جاڑے میں جان دار بھی سکڑ جاتے ہیں۔ اس موسم میں کندھے سکیڑے اور ہاتھ بغلوں میں دبائے حضرات کی جسامت میں خاصی کمی دیکھنے میں آئی ہے۔ چھ فٹ قد کا انسان بستر میں گھس کر دونوں پیر سمیٹ کر پیٹ سے چپکانے کے بعد بمشکل چار فٹ کا رہ جاتا ہے۔ اس طریقہ سے بدن گرمانے کے بعد وہ آہستہ آہستہ محاورہ کے مطابق پیٹ میں سے پیر نکالنا شروع کرتا ہے۔ یہی نہیں سردیوں میں دن تک ٹھٹھر کر چھوٹے ہوجاتے ہیں۔

یہ موسم انسان پر اس قدر جمود طاری کردیتا ہے کہ وہ جس حالت میں رہتا ہے اسی میں رہنا پسند کرتا ہے۔ معمولی سی حرکت کرنا بھی گوارہ نہیں کرتا۔ اسے کھڑا ہوا دیکھ کر اخلاقاً بیٹھنے کو کہا جائے تو دونوں ہتھیلیاں رگڑتے ہوئے سسکاری میں نہ کہہ کہ بدستور کھڑا رہنا پسند کرتا ہے۔ شاید اسی کو ثابت قدمی کہتے ہیں۔

جاڑے میں دانت بجنے کو اکثر لوگ بیماری سمجھ کر دانتوں کے ڈاکٹر سے رجوع ہونے کے بارے میں غور کرتے ہیں جو قطعی غیر ضروری ہے۔ دانتوں کو بجنے سے روکنے کی آسان ترکیب یہ ہے کہ آدمی انہیں منہ سے نکال کر جیب میں ڈال لے لیکن افسوس ایسا کرنا بھی سب کے اختیار میں نہیں ہوتا۔ مولوی عبدالمنان کہتے ہیں غضب کی سردی میں مذکورہ ترکیب بھی کام نہیں آتی۔ شاید تمہیں یقین نہ آئے مگر قسم کھانے تیار ہوں کہ آج صبح میں نے کھونٹی سے ٹنگی اپنی شیروانی کی جیب میں دانتوں کو بے تحاشہ بجتے سنا ہے۔

پچھلے ہفتے کی بات ہے ہم مولوی صاحب کی مزاج پرسی کرنے گھر سے نکلے، دو عدد پتلونوں، شرٹس، موزے، دستانے، سوئٹر اور مفلر میں ہونے کے باوجود ٹھٹھرے جارہے تھے۔ شام کے صرف سات بجے تھے لیکن سڑکیں سنسان پڑی تھیں۔ پھر ہمارے ساتھ بھی وہی ہوا جو کڑاکے کی سردی میں پیدل چلنے والوں کے ساتھ ہمیشہ سے ہوتا آیا ہے۔ ہمارے دونوں ہاتھ خود بخود بندھ گئے اور قدم تیز تیز پڑنے لگے۔ اس تیز رفتاری میں ہمارے ارادہ کو بالکل دخل نہیں تھا۔ لگتا تھا کوئی غیبی ہاتھ پیچھے سے دھکیل رہا ہو۔ سردی کی مار آدمی کو ادھر ادھر دیکھنے اور مڑنے کے قابل تک نہیں چھوڑتی۔ وہ الف بنا اونٹ کی طرح گردن اٹھائے بس ناک کی سیدھ میں آگے بڑھتا رہتا ہے۔ شاید اسی کو ''راہ راست بر وگرچہ دور است'' کہتے ہیں۔ اس حالت میں بہت دیر بعد ہمیں احساس ہوا کہ وہ سڑک جہاں ہمیں مڑنا تھا بہت دور چھوٹ چکی تھی۔

سنسان پڑی سڑک کے ایک موڑ پر ہم چوکنا ہوگئے تھے اور پھونک پھونک کر قدم رکھ رہے تھے۔ اس علاقہ میں آوارہ کتوں کی دھما چوکڑی اور سگ گزیدگی کی خبریں اکثر اخبار میں چھپتی رہتی ہیں۔ فرض شناس میونسپل حکام نے راہگیروں کو خبردار کرنے کے لیے اس جگہ کتوں سے ہوشیار رہنے کا بورڈ بھی لگا رکھا ہے۔ خوش قسمتی سے اس وقت سڑک پر ایک بھی کتا دکھائی نہیں دیا البتہ ایک

بند دکان کے سائبان تلے ان آوارہ گردوں کو دیکھا جو باہم گرمی پانے کی خاطر ایک دوسرے میں گھسے جا رہے تھے۔ اس حالت میں بھی ایک نالائق نے ہمیں دیکھ کر وہیں سے پڑے پڑے بھونک کر ڈرانا چاہا۔ لیکن ایسی غضب کی سردی میں صحیح طریقہ سے بھونکنا بھی اختیار میں نہیں ہوتا۔ دو تین کوششوں کے باوجود وہ صرف کھنکار کر رہ گیا تھا۔

مولوی صاحب کا گھر آ چکا تھا۔ چوکھٹ پر لگی اطلاعی گھنٹی کا بٹن ہماری آنکھوں کے سامنے تھا لیکن مسئلہ اسے بجانے کا تھا۔ مسئلہ یوں کہ ہمارا ہاتھ کسی بھی قیمت پر بغل چھوڑنے تیار نہیں تھا۔ ہم دل ہی دل میں کھل جا سم سم کہتے ہوئے دعا مانگ رہے تھے کہ خدایا گھر سے کوئی باہر نکل آئے لیکن دروازہ بدستور بند رہا۔ آخر کار ہمت سمیٹ کر ہاتھ آگے بڑھانا چاہا مگر وہ تسمہ دست بغل چھوڑنے تیار نہیں تھا۔ مجبوراً ہم نے صاحبِ خانہ کا نام پکارنے کا فیصلہ کیا جو غیر شریفانہ حرکت ہے۔ یہ طریقہ صرف قرض کی قسطیں اور ٹیکس وصول کرنے کے لیے گھروں پر آدھمکنے والے بنکوں اور میونسپلٹی کے کارندے استعمال کرتے ہیں۔ نامساعد حالات کو حاضر و ناظر جان کر ہم نے مولوی عبدالمنان کو آواز دینی چاہی تو منہ نہیں کھل سکا۔ دوسری کوشش میں مضبوطی سے بھینچے ہوئے جبڑے بس کھڑکھڑا کر رہ گئے البتہ تیسری کوشش میں بمشکل مم.... مم مولی کہہ پائے اور سسکاریوں کی تال میں دانت بجنے لگے۔ گھبرا کر منہ بند کرنے کی کوشش کی لیکن اس کٹکٹاہٹ کو روکنا بھی ہمارے اختیار میں نہیں تھا۔ اسی عالم میں ہمیں اپنے اس سوال کا جواب مل گیا کہ پچھلے ایک ہفتہ سے فجر کے وقت لاؤڈ اسپیکر پر اذان کم اور دانت بجنے کی آواز زیادہ کیوں سنائی دے رہی ہے۔ آخر مدد آ گئی، جھولی بردار طوطن شاہ اسی طرف آ رہا تھا۔ دروازہ کے پاس رک کر اس نے صدا لگائی.... دروازہ کھلا اور مولوی صاحب کا لڑکا مجو باہر نکلا۔ اس کے ہاتھ میں ایک روپے کا سکّہ تھا۔ اس نے سکّہ طوطن شاہ کی طرف بڑھایا لیکن ٹھٹھرتے ہوئے طوطن نے جیبوں میں ٹھنسے ہوئے ہاتھ باہر نہیں نکالے۔ چہرے سے ظاہر ہو رہا تھا وہ تذبذب میں تھا اور فیصلہ نہیں کر پا رہا تھا کہ محض ایک روپے کی خاطر اسے اپنا ہاتھ جیب سے نکالنا چاہیے یا نہیں۔ مجو نے ''لو بابا'' کہا تو طوطن نے ایک قدم آگے بڑھ کر گرتے کی جیب کی طرف اشارہ کرتے ہوئے عاجزی سے کہا اس میں ڈال دو.... اللہ بھلا کرے گا۔

مجو ہمیں دیوان خانہ میں بٹھا کر چلا گیا۔ وہاں مولوی صاحب موجود نہیں تھے۔ ان کی آمد کا انتظار کرتے ہوئے ہم نے صوفہ کی داہنی نشست کو دیکھا جہاں صاحبِ خانہ اکثر بیٹھا کرتے تھے۔ اس جگہ کمبلوں کے ڈھیر پر ایک عدد رضائی پڑی ہوئی تھی۔ تھوڑی دیر بعد ہم نے آواز دی ''مجو میاں ابو کو جلدی بھیجو'' اندر سے خاتونِ خانہ کی بڑبڑاہٹ سنائی دی۔ ''صبح سے وہیں تو پڑے ہیں، کب سے چلا رہی ہوں مگر اٹھنے کا نام نہیں لیتے، چٹورے تو اتنے ہوگئے ہیں کہ خدا کی پناہ۔ صبح پاپا پکانے کی اور شام میں باجرے کی کھجوریں تلنے کی فرمائش کرتے ہیں، کل سے پیچھے پڑے ہیں کہ حکیم صاحب نے سردیوں میں میتھی اور اڑد کے لڈو کھانے کا مشورہ دیا ہے۔''

ہم نے آہستگی سے کہا ''لیکن مولوی صاحب یہاں نہیں ہیں شاید باہر....'' ہماری بات پوری ہونے سے پہلے سسکاریوں کے بیچ لرزتی آواز ابھری ''ارے بھئی ہم یہیں ہیں یعنی اسی کمرہ میں'' آواز اتنی ہلکی تھی کہ لگتا تھا اندھے کنویں میں سے آ رہی ہو۔ ہم نے صوفہ کی طرف دیکھا وہاں رضائی میں جنبش ہو رہی تھی اور آواز وہیں سے برآمد ہو رہی تھی۔ ہم جب بھی ملنے آتے مولوی عبدالمنان بڑی گرمجوشی سے ہمارا استقبال کرتے ہیں لیکن اس مرتبہ عملاً سرد مہری کا پیکر بنے ہوئے تھے گٹھڑ میں سے ہاتھ نکال کر مصافحہ تک نہیں کیا۔ ہم نے ناگواری کا اظہار کرتے ہوئے انہیں برآمد ہونے کو کہا تو سر پر پڑی رضائی کا گھونگھٹ ہٹا کر رونمائی پر اکتفا کیا۔ ان کا چہرہ دیکھ کر ہم چونک گئے ان کی ایک آنکھ سوجی ہوئی تھی۔ پیشانی پر گومڑا ابھرا ہوا تھا اور چہرے سے کمزوری جھلک رہی تھی۔ خیریت پوچھنے پر گھورتے ہوئے تھوڑی

دیر تک ساز دنداں بجانے کے بعد کہا:

''ایسے واہیات موسم میں خیریت پوچھ کر زخموں پر نمک چھڑک رہے ہو۔ اس جاڑے نے مجھے کہیں کا نہیں چھوڑا' ہڈیوں کا گودا تک جم کر رہ گیا ہے۔ لرزہ سے ہاتھ پیر قابو سے باہر ہیں کرنا کچھ چاہتا ہوں ہو کچھ جاتا ہے۔ کمبخت سردی کی وجہ سے دس دن سے پیٹ بھر کھانا تک نصیب نہیں ہوا۔ کانپتے ہاتھوں سے نوالہ منہ میں ڈالنا چاہتا ہوں مگر مطلوبہ مقام تک نہیں پہنچتا۔ تین چار مرتبہ کی کوشش میں ایک آدھ لقمہ حلق سے اتر جاتا ہے تو شکر ادا کرتا ہوں کہ فاقہ کی نوبت ٹل گئی۔ کپکپی سے حالت یہ ہے کہ سرمہ تک نہیں لگا سکتا سلائی دو مرتبہ آنکھ میں کھب چکی ہے۔ پاؤں بھی قابو میں نہیں' رکھنا کہیں چاہتا ہوں لیکن پڑتا کہیں اور ہے۔ آج صبح بیت الخلا میں پائیدان پر پیر رکھنا چاہا تو بھانڈے میں پڑ گیا۔ یہ کہہ کر سسکاری بھرتے ہوئے پیشانی کے گومڑ کی طرف اشارہ کیا۔ ان کی ہئیت کذائی پر ہم مسکراہٹ نہیں روک سکے۔ دانت کٹکٹاتے ہوئے بولے:

''البتہ سرد لہر کا ایک فائدہ یہ دیکھا گیا کہ کئی کام خود بخود ہوجاتے ہیں۔ اب دانت برش کرنے ہاتھوں کو تکلیف دینی نہیں پڑتی، کانپتے ہاتھوں سے پیسٹ لگا کر بس منہ میں داخل کر دیتا ہوں تو باقی کام از خود تیزی سے ہوتا رہتا ہے۔ اسی طرح تسبیح پر بس انگوٹھا رکھ دیتا ہوں تو دانے کھسکنے لگتے ہیں۔ جو عاشق اپنی محبوبہ کی خاطر آسمان سے تارے توڑ لانے کا دعویٰ کرتا ہے اگر اس واہیات موسم میں اُس سے کہا جائے کہ میاں تارے لانا تو دور رہا صرف سوئی میں دھاگہ پرو کر دکھادو تو اس کی سٹی گم ہوجائے گی''۔ ہم نے پوچھا: کیا اسی کو گلابی جاڑے کہتے ہیں؟

چھت کو تکتے ہوئے ٹھنڈی آہ بھر کر بولے "ارے بھائی گلابی جاڑے بوڑھوں کے لیے نہیں ہوتے، اپنے لیے تو یہ بخاری جاڑا ہے۔" سسکاری بھر کر وہ پھر کمبلوں کے ڈھیر میں غائب ہو گئے۔

کل شام پارہ چھ پر تھرتھرا رہا تھا۔ ہم اور مولوی صاحب ہوٹل میں بیٹھے تھے۔ موصوف نے موسم سے مقابلہ کا پورا بندوبست کر رکھا تھا۔ لمبے اور ڈھیلے سیکنڈ ہینڈ اونی اوور کوٹ میں جسے وہ اتوار کے بازار سے واجبی قیمت میں خرید لائے تھے پوری طرح ڈوبے ہوئے تھے۔ کنٹوپ سے پورا چہرہ ڈھکا ہوا تھا جس میں سے صرف چشمہ دکھائی دے رہا تھا یعنی آنکھیں تک ڈھنکی ہوئی تھیں۔ چائے پینے کے دوران ہمیں خاصی دشواری ہو رہی تھی۔ ایسے موسم میں صحیح طریقہ سے چائے پینا بھی بس میں نہیں ہوتا۔ گھونٹ لینے کے لیے پیالی کو ہونٹوں کی عین سیدھ میں لانا پڑتا ہے، اس کے باوجود کپکپی سے اکثر نشانہ خطا کر جاتا ہے۔ پیالی کبھی ٹھڈی اور کبھی ناک سے ٹکرا جاتی ہے۔ ایسی حالت میں تین میں سے صرف ایک کوشش کامیاب ہوتی ہے۔ ویسے یہ بھی کم غنیمت نہیں...... کسی طرح چائے پینے کے بعد سگریٹ کی ڈبی نکالنے کے لیے جیب میں ہاتھ ڈالنا چاہا تو پتہ چلا کہ ہمارے دونوں ہاتھ مضبوطی سے بغلوں میں دبے ہوئے ہیں۔ ایسا کرنے میں ہمارے ارادہ کو بالکل دخل نہیں تھا۔ اس موسم میں اکثر ایسا ہوتا ہے۔ کپکپاتے آدمی کے ہاتھ خود بخود بغلگیر ہوجاتے ہیں یا پتلون کی جیبوں میں گھس جاتے ہیں اور کوشش کے باوجود اپنی پناہ گاہ سے باہر نہیں نکلتے۔ اس کیفیت کا ایک فائدہ یہ دیکھا گیا کہ لفظی جنگ کرنے والے حریف مرنے مارنے پر آمادہ ہونے کے باوجود ہاتھا پائی نہیں کرتے کیونکہ ان میں سے کوئی بھی بندھے ہاتھ کھولنے پر تیار نہیں ہوتا۔

اکثر دیکھا گیا ہے کہ ہاتھ باندھے یا جیبوں میں ٹھونسے آدمی کو دنیا کی کوئی طاقت ہاتھ باہر نکالنے پر مجبور نہیں کرسکتی۔ وہ مصافحہ کرنے سے بھی کتراتا ہے لیکن اس بداخلاقی کا سامنے والا برا نہیں مانتا کیونکہ خود اس کے بھی ہاتھ بندھے ہوتے ہیں۔ ٹھٹھرتی ہوئی حالت میں بات چیت کرنے والے بڑے مؤدب دکھائی دیتے ہیں۔ ملاقات کے دوران لوگ ایک دوسرے کے بال بچوں کی خیریت پوچھنے کے بجائے ''آج کتنا ہے؟'' پوچھ کر پہلے ٹمپریچر معلوم کرتے ہیں پھر اس کی مدد سے خیریت یا عدم

خیریت کا بخوبی اندازہ لگالیتے ہیں جو احوال واقعی جاننے کا مہذب ترین طریقہ ہے۔ ظاہر ہے نقطۂ انجماد کے قریب پارہ کی موجودگی میں دانستہ خیریت پوچھنا بد اخلاقی ہے۔ اس موسم میں عموماً کم سنائی دیتا ہے چنانچہ لوگ بات سننے کی کوشش میں کان قریب لے آتے ہیں۔ سردیوں میں یہ مرض عام ہے لیکن لاعلاج نہیں، کان پر مضبوطی سے بندھا مفلر کھولنے سے یہ شکایت فوراً دور ہو جاتی ہے!

ہوٹل میں سبھی لوگ مستعدی سے ہاتھ باندھے بیٹھے نظر آئے۔ قریب بیٹھے قاضی غیاث الدین پر نظر پڑی تو حیران رہ گئے۔ یہ پہلا موقع تھا جب ہم نے خلاف معمول ان کے ہاتھ میں اخبار نہیں دیکھا۔ اخبار ان کے سامنے ٹیبل پر پڑا تھا اور موصوف شانوں تک کمبل میں لپٹے اسے حسرت سے تک رہے تھے کہ...... گو ہاتھ میں جنبش نہیں آنکھوں میں تو دم ہے۔

مزید پریشانی سے بچنے کے لیے اِن دنوں اخبار نہ پڑھنے میں ہی سمجھداری ہے۔ جاڑے کے اثر سے نامہ نگار خبروں میں لرزتی اصطلاحیں بکثرت استعمال کرتے ہیں۔ ذرا ان خبروں کی سرخیاں دیکھیے :

...... پھر سرد جنگ شروع ...... کمیشن کی سفارشات سرد خانہ میں ...... کمپنی کا بنک کھاتا منجمد ...... مہم ٹھنڈی پڑ گئی ...... کا سرد مہری سے استقبال وغیرہ۔

ایسی خبریں پڑھنے سے سردی کا احساس اور بڑھ جاتا ہے جس سے نمونیہ بھی لاحق ہوسکتا ہے۔

یخ بستہ مولوی صاحب نے اپنے بغلگیر ہاتھ کو زحمت دیے بغیر کہنی سے ہماری پسلیوں کو ٹھوکا دے کر سڑک سے گذرتے جلوسِ جنازہ کی طرف اشارہ کیا۔ ہم احتراماً کھڑے ہوگئے پھر ثواب کمانے کی نیت سے باہم طئے پایا کہ چالیس قدم چل کر واپس آجائیں گے۔ جلوس میں شامل ہونے کے بعد آگے بڑھ کر ہم نے اور مولوی صاحب نے جنازہ کے دونوں بازو کاندھے پر لے لیے۔ عام طور پر جنازہ کے آگے آگے چلنے والے حضرات میت کو جلد از جلد قبرستان پہنچانے کے لیے کاندھا دینے میں بڑھ چڑھ کر حصہ لیتے ہیں۔ مگر یہاں ہمارے آس پاس کوئی نہیں تھا۔ ہم لوگ کافی دور نکل آئے تھے۔ کاندھا بری طرح دکھنے لگا۔ قدم اٹھانا بھاری ہوتا جارہا تھا لیکن ہماری جگہ لینے کوئی نہیں آیا۔ سامنے دور تک سڑک سنسان پڑی تھی۔ دعا مانگتے رہے کہ کاندھا بدلنے کے لیے کوئی جلد آجائے لیکن مدد نہیں آئی۔ مولوی صاحب کو دیکھا ہماری طرح وہ بھی بوجھ سے ٹیڑھے ہورہے تھے۔ پھر انھیں بھنا کر کہتے سنا: ''ارے باپ رے ...... میرا کاندھا تو گیا کام سے۔ کیا اکیلے ہی اسے قبرستان تک ڈھونا پڑے گا۔ کیا یہ جنازہ ہمارے بھروسے نکالا گیا تھا۔ یہ تو بیگاری ہوئی اور مرحوم کے رشتہ دار کہاں ہیں؟ کیا وہ بھی مرکھپ گئے۔'' انھوں نے پیچھے مڑ کر دونوں بار برداروں کو رائے تک دے دی تھی کہ بھائیو! بس اسے یہیں رکھ دیتے ہیں۔ ڈگمگاتے قدموں سے تقریباً سو قدم چلنے کے بعد ہم رک گئے، اب ایک قدم بھی اٹھانے کی سکت نہیں رہ گئی تھی۔ تبھی پیچھے سے آواز آئی ''حضرات چلتے رہیے اب سیدھی طرف مڑنا ہے'' بڑی مشکل سے پیچھے مڑ کر دیکھا تو ہوش اُڑ گئے۔ مرحوم کے پسماندگان سمیت سبھی حضرات کپکپاتے' سکڑے سمٹے اور مضبوطی سے ہاتھ باندھے چل رہے تھے۔

☆......○......☆

محمد علی الدین صدیقی
اورنگ آباد

'بال کی کھال'

ایک اسکول کے معائنہ کے دوران محکمہ تعلیمات کے افسر نے بچوں سے سوال پوچھا 'وہ کون سی چیز ہے جس کی جگہ بدل جانے سے اس کا نام بھی بدل جاتا ہے؟' ایک پر جوش بچے نے اس کا یہ جواب دیا کہ وہ چیز 'بال' ہے سر پر ہوتو اسے بال کہتے ہیں آنکھوں کے اوپر ہلالی شکل میں ہوتو اسے ابرو کہتے ہیں، پلکوں پر ہوتو مژگاں کہلاتے ہیں۔ ہونٹوں کے اوپر یہ مونچھیں اور ٹھوڑی پر داڑھی بن جاتے ہیں۔ وہ اتنا ہی کہہ پایا تھا کہ ٹیچر نے اسے مزید کچھ کہنے سے روک دیا۔ جیب میں مال اور سر پر بال ہونا بہت ضروری ہے۔ بالوں کی افادیت سے کس کو انکار ہوسکتا ہے۔ حال ہی میں اپنے شہر میں پولیس بھرتی کے دوران ایک امیدوار نے بالوں کی نقلی وگ لگا کر اپنا قد اونچا دکھانے کی کوشش کی اور پکڑا گیا۔ اس کے خلاف کارروائی بھی کی گئی۔ غالبؔ کا محبوب بھی اپنا قد اونچا دکھانے کے لیے طرہ لگاتا تھا:

بھرم کھل جائے ظالم تیری قامت کی درازی کا
اگر اس طرۂ پر پیچ و خم کا پیچ و خم نکلے

محبوب کے بال کسی بلا سے کم نہیں ہوتے۔

وہ جو بکھرائے ہوئے بالوں کو آئے تو کہا
میں بھی آیا ترے گھر میری بلا بھی آئی

اپنے محبوب کے بالوں کی خوبصورتی کو لے کر شاعروں نے بہت سے مضمون باندھے ہیں۔

کس نے زلفوں سے عجب آج یہ جھٹکا پانی
جھوم کر آئی گھٹا ٹوٹ کے برسا پانی

ایک گھونگر والے بالوں والی خوبصورت فلمی اداکارہ کے پرستار اُس سے اُس کے بالوں کی ایک لٹ بھجوانے کی فرمائش کرتے اور وہ سب کی فرمائش پوری کرتی! 'اس طرح تو تم بہت جلد گنجی ہوجاؤ گی' اس کی ایک سہیلی نے کہا۔ اداکارہ نے کہا کہ وہ اپنے نہیں بلکہ اپنی پالتو کتیا کے بال انہیں بھجواتی ہے۔ پیشانی پر بالوں کی جھالر (fringed hair) والی فلمی اداکارہ سادھنا کا ہیر اسٹائیل بہت مشہور تھا۔ شہر کے کالج کی ایک لڑکی سادھنا سے مشابہت کی بنا پر اس کا ہیر اسٹائیل اختیار کر کے بہت مشہور ہوگئی تھی۔ اداکار دلیپ کمار کا ہیر اسٹائیل بھی بہت مقبول تھا۔ اردو کے نامور مصنف کرشن چندر نے 'دلیپ کمار کا نائی؟' کے عنوان سے ایک مضمون لکھا تھا۔ جو پچاس سال قبل ماہنامہ 'شمع' میں شائع ہوا تھا اور بہت پسند کیا گیا۔ ہمارے کالج کے دنوں میں انگریزی کے پروفیسر تاراشنکر سکینا نے اس کا اسکرین پلے لکھا اور کالج کے سالانہ یوم پر یہ ڈرامہ کھیلا گیا تھا۔ سیاستدانوں میں مہاراشٹرا کے سابق وزیر اعلیٰ عبدالرحمٰن انتولے کا ہیر اسٹائل بھی مشہور تھا۔ ان کا سفید رنگ کا سفاری سوٹ اور پیشانی پر جھولتے ہوئے بال جنہیں وہ وقفہ وقفہ سے پیچھے کی طرف اچھالتے تھے یہ ادا بھی ان کے اسٹائل کا ایک حصہ تھی۔ ایک دلچسپ قصہ امریکہ کے سابق صدر جان ایف کینڈی کے بالوں کا بھی ہے۔ لندن کی نوادرات کی ایک دوکان 'فزرس' نے دو انچ کے سائز کا کینڈی کا ایک بال جو ایک پلاسٹک کی سلائڈ پر چپکا کر محفوظ رکھا گیا تھا، آٹھ سو ڈالر میں فروخت کے لیے پیش کیا۔ دوکاندار کا دعویٰ تھا کہ اس نے یہ بال ہالی ووڈ کے اصلاح ساز ہیری گلبرٹ سے حاصل کیا تھا۔ اس کا کہنا تھا کہ کینڈی نے اپنے قتل سے چار ماہ

قبل جب وہ بیورلی ہلز میں اپنی بہن کے ہنگامی شوہر پیٹر لافورڈ کے سمندر کے ساحل والے بنگلے میں قیام پذیر تھے گلبرٹ سے اپنے بال ترشوائے تھے۔ امریکی عوام ہماری طرح آنکھیں بند کر کے ہر بات پر اعتبار نہیں کرتے۔ وہ بال کی کھال نکالتے ہیں! کینیڈی کی بہن پیٹریشیا نے بیان جاری کیا کہ یہ جھوٹ ہے۔ ان دنوں کینیڈی بیورلی ہلز کے آس پاس تو کیا اس سے دور دور تک موجود نہیں تھے اور یہ بات وہ کینیڈی لائبریری اور خفیہ سروس کی مدد سے ثابت کرسکتی ہے۔ دوکاندار کینیڈی کے بال کہہ کر کسی کے بھی اور کہیں کے بھی بال فروخت کرسکتا ہے!

یہ ٹرمپ کے امریکہ کا صدر منتخب ہونے کے فوراً بعد کی بات ہے۔ حجاموں کی بین الاقوامی انجمن کی ایک ہنگامی میٹنگ طلب کی گئی اور اس میں ٹرمپ کے صدر منتخب ہونے پر تشویش کا اظہار کیا گیا جس طرح بی جے پی کی حکومت بن جانے کے بعد حزب مخالف پارٹیاں بے چین ہیں لیکن حجاموں کی بے چینی کی وجہ کچھ اور تھی۔ ' ٹرمپ کی حلف برداری کی رسم عنقریب ادا ہونے والی ہے اور ٹرمپ کا ہیر اسٹائل بنانے میں ہم ابھی تک خاطر خواہ کامیابی نہیں حاصل کرسکے'۔ ایک نائی نے روتی روتی آواز میں کہا' یہ ایک سنجیدہ مسئلہ ہے اس پر توجہ دینے کی ضرورت ہے'۔ ایک ہندوستانی مندوب چیخا' ہمارے ہزاروں لاکھوں نوجوان ٹرمپ کی طرح نظر آنا چاہتے ہیں اس کے لیے انہوں نے اپنے بالوں کا رنگ زردی مائل کرلیا ہے۔ لیکن جب وہ اس کے اسٹائل کے بال ترشوانے ہمارے پاس آتے ہیں تو ہم ٹرمپ کے اسٹائل کی صحیح نقل نہیں کر پاتے'۔ ایک یوروپی نائی نے اپنی مجبوری بتائی۔'اس طرح ہمارے گاہک بال بنوانے کا معاوضہ ادا کیے بغیر چلے جاتے ہیں'۔ بنگلہ دیشی حجام نے اپنی بپتا سنائی' کیا آپ لوگوں نے حجامت بنانے کے اوزار استرا، قینچی، کنگھا وغیرہ تبدیل کر کے دیکھا؟' بین الاقوامی نائی انجمن کے صدر نے بے دلی سے پوچھا' کیا آپ چاہتے ہیں ہم بھیڑوں کے اون نکالنے والی مشین استعمال کر کے دیکھیں؟' نیوزی لینڈ کے مندوب نے طنزیہ سوال کیا۔ سب نائی دبی دبی آواز میں ہنسنے لگے۔' ہمارے نائی بھائی احساس شکست خوردگی میں مبتلا ہوگئے ہیں۔ یہ ہمارے وقار کا معاملہ ہے۔ اسی سنجیدہ مسئلہ سے نمٹنے کے لیے یہ میٹنگ طلب کی گئی ہے۔ انجمن کے صدر نے سلسلہ جاری رکھا' میرے پاس اس مسئلہ کا حل ہے' ایک انتہائی ضعیف اور ناتواں مندوب نے ہاتھ اٹھا کر کہا، سب حجاموں نے تالیاں بجا کر اس کا استقبال کیا'۔ اصلاح ساز، نائی، خلیفہ، حجام یا جو کچھ بھی تم لوگ خود کو سمجھتے ہو یا کہلواتے ہو یہ کام تمہارا نہیں ہے'۔' پھر کس کا ہے اور تم کون ہو؟' سب حجام ایک ساتھ چلائے' میں ہٹلر کا نائی تھا'۔ اس پاگل آدمی کے عروج کے زمانے میں جرمنی کے بہت سے نوجوانوں نے اس کے انداز کی نقل کرنے کی کوشش کی تھی لیکن سب نائی آپ لوگوں ہی کی طرح ناکام ہوگئے تھے'۔ جرمنی میں ہم نے بھی اس طرح کی میٹنگیں کی تھیں۔ ہم اس نتیجے پر پہنچے تھے کہ ہیر کٹ یا ہیر اسٹائل اسی وقت پیدا ہوسکتا ہے جب گاہک کا دل و دماغ اور سوچنے کا انداز ٹھیک اس شخص کی طرح ہو جس کا انداز وہ اختیار کرنا چاہتا ہے۔ اس لیے یہ کام کسی نائی کا نہیں بلکہ اس کے لیے ایک ماہر نفسیات کی ضرورت ہوگی'۔ ضعیف اور لاغر آدمی نے ہانپتے کانپتے اپنی بات مکمل کی۔ اس پر تمام مندوبین نے تالیاں بجائیں اور ارادہ ظاہر کیا کہ وہ ہر اصلاح خانے میں ایک نفسیاتی ڈاکٹر کا تقرر کریں گے۔ ایک ایسا خصوصی ماہر جو گاہکوں کو Paranoia کا مریض بنا سکے جو لوگوں کے دلوں میں نفرت کا زہر گھول سکے۔ ان کے دلوں میں شک و شبہ کا بیج بو سکے۔ ان میں نسلی، طبقاتی اور فرقہ وارانہ امتیازات کے جذبات اُبھار سکے۔ انہیں ایک دوسرے کے خلاف صف آرا کرسکے۔ ہندوستانی مندوب کا جوش و خروش دیکھنے کا تھا، اُس نے قسم کھائی کہ نہ صرف اصلاح خانوں بلکہ ہر سیاسی اور سماجی پلیٹ فارم پر یہ مہم چلائی جائے گی کیوں کہ اس کام کے لیے اپنے دیش کی دھرتی بہت زرخیز ہے۔۔

☆......○......☆

منظور وقار
گلبرگہ

دل ہی تو ہے

صوفیاء کرام کا کہنا ہے'' دل گوشت اور خون کا ایک لوتھڑا ہے اس میں ہوس، حسد جلن، بغض، کدورت، کینہ و کپٹ اور بدکاری کا سیال بھر جاتا ہے تو ایسا دل جہاں دُنیا میں فساد بدامنی، بے حیائی اور زنا کاری پھیلانے کا باعث بنتا ہے تو وہیں انسان کو دوزخ کی بھڑکتی ہوئی آگ میں اوندھے منہ ڈھکیل دیتا ہے۔ یہی دل جب محبت، انسانیت، سچائی، صداقت ایمانداری، راست بازی، پرہیزگاری ،اللہ کا خوف، رسول اللہ صلی اللہ علیہ وسلم کی محبت سے منور ہو جاتا ہے تو یہ دل دُنیا میں نہ صرف امن و سکون قائم کرنے کا ذریعہ بنتا ہے انسان کو جنت کے لہلہاتے باغوں، دودھ اور شہد کی نہروں اور محلوں کا مالک بناتا ہے۔''

ہمارے بزرگ دوست علامہ کاروباری بھی کچھ کم دانشور نہیں ہیں۔ دل کے تعلق سے ان کا کہنا ہے'' اگر انسان کے سینے میں دل نہ ہوتا تو وہ جوانی کی اُمنگ، احساسات کی ترنگ، سانسوں کے زیرو بم اور تخیل کی رنگینیوں سے محروم رہ جاتا۔ دل ہی انسان کی زندگی میں خوشیوں کی بارات لے آتا ہے تو دل ہی انسان پر غموں کا پہاڑ توڑتا ہے۔''

صوفیاء کرام اور علامہ کاروباری کی باتیں اپنی جگہ اس طرح کی فلسفیانہ باتیں پڑھنے اور سماعت کرنے کے لئے کس کے پاس وقت ہے۔ ہم لوگ کمپیوٹر، لیپ ٹاپ اور اسمارٹ موبائیل فون کے دور میں جی رہے ہیں۔ ہم لوگوں کو ٹی۔ وی اسکرین پر نظر گاڑھنے فیس بک اور واٹس اپ پر فحش مکالموں کا لطف لینے، عریاں لڑکیوں کی تصویریں دیکھنے اور لوک شاستر کے ہیجان انگیز مناظر کا مظاہرہ کرنے سے فرصت کہاں ہے۔ پتہ نہیں الیکٹرونک ٹکنالوجی کی ترقی اشرف المخلوقات کو'' مقام ذلالت'' کے کس مقام پر پہنچا کر دم لے گی۔ شیطان سب سے پہلے انسان کے دل پر حملہ کرتا ہے بعدازاں دل کے ساتھ دماغ پر سوار ہو جاتا ہے۔ جب انسانی دل شیطان کے قابو میں آجاتا ہے تو شیطان کبھی بدزبان اور بدمزاج بیوی بن کر شوہر کو نچاتا ہے تو کبھی شوہر بن کر خوبصورت سالی پر ڈورے ڈالتا ہے۔ شیطان جب کسی انسان کے دل میں جنسی ہوس کی آگ بھڑکاتا ہے تو اسے بیوی اور سالی میں کوئی فرق نظر نہیں آتا۔ شیطان جب کسی انسان کے دل میں دولت اور جائیداد کا لالچ بھر دیتا ہے تو اس طرح کا انسان دولت اور جائیداد کے لئے اپنے سگے بھائیوں کا قتل کر دیتا ہے۔ کبھی جہیز اور نقد کے لئے شوہر کے ہاتھوں نئی نویلی دُلہن کو بھڑکتی ہوئی آگ میں جھونک دیتا ہے۔

جب ہم تاریخ پر نظر ڈالتے ہیں تو ہم کو دل کی دھاندلیوں اور کارستانیوں کی ایک لمبی فہرست پڑھنے کو ملتی ہے۔ دل کے ہاتھوں مجبور انسانوں کی احمقانہ حرکتوں اور پاگل پن کے بے شمار قصے کہانیوں سے تاریخ کے صفحات بھرے پڑے ہیں۔ کسی طاقتور راجہ کا دل کسی کمزور راجہ کی خوبصورت رانی پر آگیا تو وہ راجہ کا قتل کرنے کے بعد رانی کے ساتھ ساتھ راجہ کی حکومت کو بھی ہتھیا لیتا تھا۔ کسی بدمست اور ہوس پرست بادشاہ کا دل پڑوسی ریاست کے نیک دل بادشاہ کی بیٹی پر آجاتا ہے تو نیک دل بادشاہ کی حکومت کو الٹ کر بیٹی کے ساتھ ساتھ اس کی حکومت پر بھی قبضہ جمالیتا تھا۔

مغل بادشاہ شاہ جہاں کا دور امن و امان اور سکون کا عہد تھا۔ زندگی کی خوشیاں اور دولت کی فراوانی تھی۔ شاہ جہاں کوئی کام تھا اور نہ کوئی کاج۔ فوج آرام طلب، رعایا عیش پرست ہوگئی تھی لہذا شاہ جہاں خود کو مصروف رکھنے رعایا کو کام پر لگانے کے لئے تعمیرات پر زور دینے لگا۔ اس نے یوں تو بہت سے قلعے اور محل بنائے مگر اس پر ایک ایسی عمارت بنانے کا جنون سوار تھا جو خوبصورتی اور جاذبیت میں اپنی مثال آپ ہو۔ شاہ جہاں اپنی ملکہ ارجمند بانو عرف ممتاز محل کو دل دے بیٹھا تھا۔ اور اپنے پیار کو یادگار بنانا چاہتا تھا جوں ہی ممتاز محل اللہ کو پیاری ہوگئی شاہ جہاں نے اس کی یاد میں تاج محل تعمیر کروایا۔ شاہ جہاں کے فرزند اورنگ زیب کو شاید شاہ جہاں کا دل دینا اور دل کے ہاتھوں مجبور ہو کر تاج محل بنانا پسند نہیں تھا۔ اورنگ

زیب کے دل میں دین داری تھی ۔شاہ جہاں کے دل میں دنیا داری ،لہذا اورنگ زیب نے اپنے باپ شاہ جہاں کو تخت و تاج سے بیدخل کر کے ایک محل میں قید کردیا ساتھ ہی محل میں ایک روشن دان بھی بنا دیا تا کہ شاہ جہاں اس روشن دان سے تاج محل کو تکتا رہے اور آنسو بہاتا رہے۔آج کل ۔ تاج محل سیاحوں کی تفریح نوجوان جوڑوں کی موج مستی اور حکومت ہند کی آمدنی کا ذریعہ بنا ہوا ہے۔اس خوبصورت عمارت پر چند بھگوا لیڈروں کی بری نظر ہے۔

مصر کی خوبصورت بلا قلوپطرہ پر مصر کے حکمران ایک کے بعد دیگر ایسا دل دے بیٹھے کہ قلوپطرہ کو حاصل کرنے کیلئے ایک دوسرے کے خون کے پیاسے ہو گئے نتیجہ حکومتیں الٹ گئیں تخت تاراج ہو گئے ،گردنیں کٹ گئیں ۔مصر ہی کی ملکہ زلیخا جب یوسف علیہ السلام کے حسن پر فریفتہ ہو کر دل دے بیٹھی تو دل کے ہاتھوں مجبور ہو کر یوسفؑ کو دعوت دادعیش دے بیٹھی یہ تو اچھا ہوا کہ یوسفؑ زلیخا کے چنگل سے صاف نکل گئے۔

ہیر رانجھا،شیریں فرہاد اور لیلیٰ مجنوں کی محبت بھری کہانیوں کی اصل بنیاد دل ہی تو ہے۔ہیر تو رانجھا کی محبت میں اس قدر دیوانی ہو جاتی ہے کہ رانجھا سے ملنے مٹی کا مٹکا لے کر موجیں مارتے ہوئے دریا میں کود جاتی ہے۔

قیس عرف مجنوں لیلیٰ پر دل دے بیٹھتا ہے تو دل کے ہاتھوں مجبور ہو کر لوگوں کے ہاتھوں سنگسار ہوتا ہے لوگ اسے دیوانہ سمجھتے ہیں۔جسم خون میں لت پت ہو جاتا ہے لیکن مجنوں کے منہ سے آہ نکلتی ہے اور نہ کوئی فریاد۔

فرہاد شیریں کا دیوانہ تھا کیونکہ شیریں پر دل جو دے بیٹھا تھا۔ دل کے ہاتھوں فرہاد اس قدر دیوانہ ہو گیا کہ شیریں کی خاطر پہاڑ کاٹ کا دودھ کی نہر بنا ڈالی۔

اگر ہم پچھلے سو برسوں پر محیط ہندی اردو فلموں کا جائزہ لیتے ہیں تو 70 فیصد فلموں کی کہانیاں ہیرو ہیروئن کی محبت یعنی ایک دوسرے کو دل دینے یا ایک دوسرے کا دل توڑنے جیسے موضوعات پر مشتمل ہیں۔اپنے وقت کی ناقابل تسخیر و ناقابل فراموش فلم مغل اعظم میں شہزادہ سلیم اور انارکلی ایک دوسرے کو دل دے بیٹھتے ہیں تو شہزادہ سلیم انارکلی کو اپنی ملکہ بنانے کے لئے جنگ کے میدان میں اپنے باپ اکبر اعظم سے تلوار بازی کا مظاہرہ کرنے سے بھی پیچھے نہیں ہٹتا۔سزائے موت قبول کرنے کے لئے توپ کے سامنے سینہ تان کر کھڑا ہو جاتا ہے۔یہ اور بات ہے کہ توپ شہزادہ سلیم کو اُڑانے کے لئے تیار نہیں ہوتی عین وقت میں اپنے چہرہ کا رخ موڑ لیتی ہے ادھر شہزادہ سلیم بچ جاتا ہے۔ادھر سینما تھیٹر میں ناظرین فلم کی صفوں میں تالیوں اور سیٹیوں کی آواز گونجتی ہے۔چاندی کے سکے بھی سینما اسکرین پر نچھاور ہوتے ہیں۔

دور جدید کی کامیاب ترین فلم'' دل والے دلہنیا لے جائیں گے'' بھی دو دلوں کی داستان ہے فلم میں شاہ رخ خان اور کاجول ایک دوسرے کو دل دے بیٹھتے ہیں تو ان کی محبت کی راہ میں ایسے ایسے کٹھن مرحلے آتے ہیں کہ ناظرین فلم کے دل دھڑکنے لگتے ہیں۔آخر کار شاہ رخ خان اور کاجول کی محبت کامیاب ہو جاتی ہے تو ناظرین فلم کے دل دھڑکنا چھوڑ کر پھڑکنے لگتے ہیں۔ناظرین فلم کو یہ فلم اتنی پسند ہے کہ یہ فلم بمبئی کے ایک سینما گھر میں پچھلے دس برسوں سے اس دھڑلے کے ساتھ چل رہی ہے اترنے کا نام ہی نہیں لیتی۔بالفرض سینما گھر کی عمارت بوسیدہ ہو کر گر بھی گئی تو فلم کا بال بھی بیکا ہونے والا نہیں ہے۔فلم تو بتدریج چلتی ہی رہے گی اس وقت تک چلتی رہے گی جب تک یہ فلم ناظرین فلم کے دل سے نہیں اترتی۔

ہندوستانی فلموں کی کہانیاں نہ صرف دل کے معاملات کو لے کر لکھی جاتی ہیں کئی فلموں کے نام بھی دل سے شروع ہوتے ہیں۔پچھلے ساٹھ برسوں کے دوران جو فلمیں آئی ہیں جن کے نام دل سے شروع ہوتے ہیں ان کی چند مثالیں اس طرح ہیں۔

''دل دیا درد لیا،دل ایک مندر،دل نے پھر یاد کیا،دل دے کے دیکھو،دل تیرا دیوانہ،دل دل پیار ویار،دل ہی تو ہے،دل تو پاگل ہے،دل، دل جلے،دل سے،دل والے دلہنیا لے جائیں گے،دل والے'' وغیرہ

قارئین کرام ! ہمیں لگتا ہے ہم نے دل کے موضوع پر کافی آئیں بائیں ،شائیں ہانک ڈالی۔ویسے بھی آپ لوگوں کو دُنیا بھر کی معلومات حاصل ہیں کیونکہ آپ کے مکان میں "40 (انچ) اسکرین کا ٹی ۔وی ہاتھ میں لمبا چوڑا اسمارٹ موبائیل فون جو موجود ہے۔۔

☆......○......☆

مکرم نیاز
حیدرآباد

یہ کھچڑی ہے

بچو! یہ کھچڑی ہے!

یہ ایک اسپیشل قسم کا مقبول عام کھانا ہے جو دال اور چاول ملا کر پکاتے ہیں۔ اب دال مسور بھی ہوسکتی ہے، تور بھی یا مونگ بھی۔ یہ پکانے والی کے میاں کی جیب پر منحصر ہے۔ جو دال سستی ہے، کھچڑی اسی کی بنے گی یعنی یہ سارا کھیل جیب کا ہے۔

کھچڑی، حیدرآبادی ناشتے کی میز کی آن بان شان ہے۔ بریانی، بگھارا، تہاری، قبولی کے درمیان یہ اپنی انفرادیت یوں برقرار رکھتی ہے کہ اسے کھانے والا بغیر کسی سالن کے، محض اس کی خوشبو پر نثار ہوکر والہانہ ٹوٹ پڑتا ہے، بقول شاعر ع

کیا کسی پکوان میں ہوگا جو مزا کھچڑی میں ہے

ویسے اگر تھوڑا سا گھی اوپر چھڑک دیا جائے تو سونے پہ سہاگا، سب رال ٹپکاتے بول اٹھیں گے کہ ایسی کھچڑی بھی یارب بس دکن میں کھائی جائے ہے۔

بڑی بوڑھیاں بوجہ خار کھاتی ہیں جو کھچڑی کو کاہل عورت کی نشانی کہتی ہیں۔ اور کوئی کوئی کمبخت تو اسے بیماروں کے پرہیزی کھانے کا نام دے جاتا ہے۔ یہ سب ان بدذوقوں کا دلی بغض ہے۔ ورنہ کہاں راجہ کھچڑی اور کہاں تیلی خشکہ؟

کھچڑی کے ساتھ ایک محاورہ بھی جڑا ہے۔ محاورہ بولے تو کہاوت، proverb

کھچڑی کے ہیں چار یار
کھٹا، قیمہ، پاپڑ، اچار

کھٹا، املی کے کھٹے پانی نما سالن کو بولتے ہیں، جس میں کتری ہوئی پیاز اور زیرہ مع رائی بگھار کر ڈال دیا جاتا ہے۔ ویسے یہ "کھٹا" تقریباً ہر حیدرآبادی سالن میں پڑتا ہے۔ اسی سبب بیرون ملک حیدرآبادیوں کو "کھٹے" کے لقبِ مبارک سے سرفراز کیا جاتا ہے، ویسے ہی جیسے ہمارے پڑوسی پاکستانی "ناڑے" کا خطاب جھیلتے ہیں۔

قیمہ عموماً "بڑے" کا بنتا ہے کیونکہ یہ حیدرآباد کے مسلمانوں میں "مسلمانیت" کی سب سے بڑی دلیل مانی جاتی ہے۔ بڑا گوشت سستا پڑتا ہے مگر دلیلِ اسلام مضبوط ہوتی ہے۔ سیانے کہتے ہیں کہ یہ جو گرم مزاجی اس قوم میں پائی جاتی ہے وہ اسی سستے مگر گرم گوشت کی کارستانی ہے۔ لیکن سیانوں کا کیا ہے، وہ تو بیس لاکھ کروڑ کو یوں کہہ دیتے ہیں جیسے بیس ہزار! لہذا بچو، تم سیانوں کی باتوں کو دل پر نہ لینا۔

ہاں تو ہم کہہ رہے تھے کہ کھچڑی کے ساتھ ایک محاورہ نہیں بلکہ کئی محاورے جڑے ہیں۔ یہ جو ہمارے بی۔بی۔سی والے عابدی صاحب ہیں ناں، وہ ان دنوں لاک ڈاؤن کا فائدہ اٹھا کر اپنی ٹائم لائن کے قارئین سے محاوروں کا کھیل کھیل رہے ہیں۔ روزمرہ کے لاتعداد الفاظ برت لیے، مثلاً: آنکھ، دل، زبان، کان، ہاتھ، خون، آسمان، بات، آگ، خاک۔۔۔

مگر مجال ہے صاحب، جو کسی خوراک یا ڈش کا نام لیا ہو۔ خیر، یہ ان کی عمر کا تقاضا ہے، تم پریشان نہ ہونا، ہم ہیں ناں!

عابدی صاحب کی ڈاڑھی نہیں ہے ورنہ ہم "کھچڑی ڈاڑھی" محاورہ کی عملی تصویر پیش کر دیتے۔ سر کے بال سارے سفید ہو گئے ہوں، مگر دانشور حضرات ڈاڑھی کھچڑی رکھتے ہیں یعنی سفید اور سیاہ بالوں کا مکسچر۔ تاکہ ان کے افکارِ پریشاں کی جوان العمری ثابت ہوسکے۔

بیوی کے میکے میں سسرال والوں کے خلاف اور شوہر کے خاندان میں اس کی سسرال کے خلاف ہمیشہ کھچڑی پکتی ہے۔ یہ خفیہ چرچا یا کھسر پھسر چپکے چپکے ہوتی ہے جس کے نتیجے میں ایک بند کمرے میں رات کی ہولناک خاموشی کے دوران خوفناک جھگڑا برپا ہوتا ہے اور پڑوس کے گھر سے کوئی بڑے میاں غلام علی کی گائی غزل

اونچے سروں میں بجوادیتے ہیں:

چپکے چپکے رات دن آنسو بہانا یاد ہے

سب جانتے ہیں کہ جب آدمی پچاس کی عمر سے آگے چلا جائے تو اس کے بال کھچڑی ہو جاتے ہیں۔ کوئی مضائقہ نہیں اگر سفید رنگ کو مہندی یا اخروٹ رنگ سے رنگ لیا جائے لیکن اگر کسی جواں مرد نے طیشِ جوانی میں سفید بالوں کو بھی سیاہ رنگنے کی کوشش کی تو دیکھنے والے پیٹھ پیچھے ایسا محاورہ کستے ہیں جس کا کھچڑی سے کوئی لینا دینا نہیں، یعنی:

بڈھا گھوڑا لال لگام!

بالی ووڈ میں محمود، اسرانی یا جانی لیور ہیں تو ہمارے حیدرآباد میں بھی ایک عدد " گلو دادا" پائے جاتے ہیں جن کا ڈنکا سوشل میڈیا پر بجتا ہے۔ ایک بار ان کا آنکڑہ ایک فربہ اندام حسینہ سے لڑ گیا۔ "شاداب" میں لذتِ کام و دہن کی پہلی دعوت کے تگڑے بل کی ادائیگی کو کاؤنٹر پر اکیلے جوجھ کر جب وہ یادگاری تحفہ کی خاطر، معشوقہ کے ہمراہ مالابار گولڈ پہنچے تو سیلز مین نے گلے کے زیورات کے سیٹ نکالنے شروع کیے۔ گلو دادا بوکھلا گئے، کلائی کی طرف اشارہ کر کے بتایا: چوڑیاں!

سیلز مین نے پوچھا: میڈم کیا سائز ہے؟ شعلۂ جوالہ نے اٹھلا کر اپنی لحیم شحیم کہنی کا سارا بوجھ گلو دادا کے کندھے پر ٹکاتے ہوئے نزاکت سے کہا: "ہوگا یہی کوئی دو-دو آنی"۔

یہ سنتے ہی گلو دادا کی آنکھیں پھیلیں، ان کا مخصوص تکیہ کلام منہ سے نکلا: آئیں!

اس کے بعد یہ کہہ کر کھڑے کھڑے کوما میں چلے گئے:

" کھچڑی کھاتے ہی پہنچا اترا"۔

بچو! یہ بھی کھچڑی سے جڑا ایک محاورہ ہے۔ اس کا مطلب جاننے کے لیے تمہیں لغت سے رجوع کرنا چاہیے۔ ہر چیز فری میں بتادی جائے تو محنت مشقت کون کرے گا؟ بڑا آدمی کون بنے گا؟

خیر، آج کے لیے اتنا کافی ہے۔ روزہ تو کھول لیا ہوگا۔۔

یہ لو اب کھچڑی کھاؤ اور جان بناؤ!!

☆......○......☆